小服务　大格局

本书编委会 ◎ 编著

责任编辑：吕　楠
责任校对：孙　蕊
责任印制：张也男

图书在版编目（CIP）数据

小服务　大格局（Xiaofuwu Dageju）/本书编委会编著. —北京：中国金融出版社，2017.3
ISBN 978-7-5049-8945-1

Ⅰ.①小… Ⅱ.①本… Ⅲ.①中国光大银行—经济发展—概况 Ⅳ.①F832.33

中国版本图书馆 CIP 数据核字（2017）第 052510 号

出版发行	中国金融出版社
社址	北京市丰台区益泽路 2 号
市场开发部	（010）63266347，63805472，63439533（传真）
网上书店	http：//www.chinafph.com
	（010）63286832，63365686（传真）
读者服务部	（010）66070833，62568380
邮编	100071
经销	新华书店
印刷	北京市松源印刷有限公司
尺寸	169 毫米 × 239 毫米
印张	11.25
字数	143 千
版次	2017 年 3 月第 1 版
印次	2017 年 3 月第 1 次印刷
定价	39.00 元
ISBN 978-7-5049-8945-1	

如出现印装错误本社负责调换　联系电话（010）63263947

编 委 会

主　　　编：李 杰
副 主 编：杨兵兵　许长智
执 行 编 辑：陈红薇
编委会成员（30人）：

龚小元　韩学智　李建利　刘瑜晓
彭建平　杨剑平　章国华　高　瞻
郭志雄　马　宁　马学全　史家新
谭梦湘　乌妮娜　许　达　周永宏
戴　枫　冯　谦　高宏亮　高　巍
孔繁华　林光宇　刘　鹏　齐亚斌
舒世忠　唐文雄　李云桥　汤平平
李赛赛　邵京良

序　言

2016年9月5日，由中国推动并参与制定的《G20集团数字普惠金融高级原则》（以下简称《原则》）在G20杭州峰会上获得通过，得到了国际社会的关注与认可，被认为是首个具有全球意义的数字经济重要指导原则，为普惠金融这一全球性课题指明了方向。

《原则》与2016年6月国务院下发的《推进普惠金融发展规划(2016—2020)》一脉相承，同时更具全球视野与精准聚焦。中国在发展普惠金融的十余年历程中，实现了实质性飞跃：从早期公益性质到初步建立可持续商业模式；从局部地区向更广泛区域扩展；从单一小微贷款到逐渐形成普惠金融体系（包括小微贷款、储蓄、支付、理财等）；从人工向数字技术转化等。在这个发展过程中，我们深刻认识到，普惠金融不仅是理念与倡议，更是一种商业模式与运营模式，它外延宽广、内涵丰富，通过增加收入、控制成本实现经济效益可持续是其拥有旺盛生命力的关键。发展普惠金融就是要深入大街小巷、乡镇村所，根植普通百姓，将他们的需求转化为生产力。

在我国普惠金融发展过程中，银行始终充当了先锋与主力军的角色。便民生活缴费作为普惠金融的重要组成部分，与人们的生活息息相关。光大银行正是从网点来来往往的身影中发现了缴费业务对百姓生活的影响，诞生了以"不为惊天动地、只为生活点滴"为理想的云缴费平台，此平台一端整合缴费资源，另一端整合缴费渠道，不仅践行了共享经济理念，节约了大量社会资源，同时践行了普惠金融理念，方便了百姓的日常生活缴费。

为了更精准地评估中国便民缴费行业市场规模与市场表现，推动便民缴费行业更健康、更快速、更广泛的发展，满足百姓日益增长且丰富全面的缴费需求，全面梳理缴费行业现状，理清行业发展态势，探测消费者核心诉求就显得尤为重要和紧迫。

为此，2016年中国光大银行联合新华网发起了"2016年中国便民缴费产业白皮书研究"，并委托专业机构零点有数具体实施。本书是中国光大银行继"2016年中国便民缴费产业白皮书研究"后进一步的研究成果，在白皮书研究的基础之上，深入研究了便民缴费行业发展的宏观环境、行业环境、消费者需求和未来发展趋势。意在从更宏观、更前瞻、更全面的角度，深入洞察中国缴费行业的各个维度，为便民缴费行业未来的发展及管理改善起到促进作用，助力更广泛、更深入、更立体的普惠金融体系的实现。

张金良

中国光大银行股份有限公司行长

目 录

第一卷 行业篇

第1章 中国便民缴费行业发展宏观环境分析 ... 3

1.1 中国经济环境分析 ... 3
- 1.1.1 宏观经济运行情况分析 ... 3
- 1.1.2 居民收入与消费情况分析 ... 9
- 1.1.3 相关行业发展变化情况分析 ... 17
- 1.1.4 中国经济环境分析小结 ... 23

1.2 便民缴费行业相关政策 ... 24
- 1.2.1 "十二五"产业政策驱动,服务业飞跃发展 ... 24
- 1.2.2 大力发展普惠金融,鼓励各类金融创新 ... 27
- 1.2.3 互联网金融快速发展,支付方式线上化加速 ... 28

1.3 便民缴费行业基本情况 ... 32
- 1.3.1 便民缴费行业定义 ... 32
- 1.3.2 便民缴费行业经济特性 ... 32

第2章 中国便民缴费行业发展状况分析 ... 37

2.1 2015年中国便民缴费行业发展洞察 ... 37
- 2.1.1 全国规模稳中有增,线下方式线上化 ... 37
- 2.1.2 各业务阶梯发展,交罚固话逆势下行 ... 40
- 2.1.3 线上化比例普涨,移动端缴费提升迅猛 ... 45

1

2.1.4 华东规模领跑，中部、西南部增速最快，华南线上率最高 ⋯ 48
2.1.5 缴费方式呈线上化、移动化、自助化趋势 ⋯⋯⋯⋯⋯⋯ 50
2.1.6 话费线下渐被取代，暖气公交难上线 ⋯⋯⋯⋯⋯⋯⋯⋯ 52
2.2 2015年中国便民缴费行业缴费方式与渠道分析 ⋯⋯⋯⋯⋯⋯⋯ 54
2.2.1 行业缴费方式分析 ⋯⋯⋯⋯⋯⋯⋯⋯⋯⋯⋯⋯⋯⋯⋯⋯ 54
2.2.2 行业缴费渠道分析 ⋯⋯⋯⋯⋯⋯⋯⋯⋯⋯⋯⋯⋯⋯⋯⋯ 68
2.3 2015年中国便民缴费行业规模分析 ⋯⋯⋯⋯⋯⋯⋯⋯⋯⋯⋯⋯ 76
2.3.1 便民缴费行业业务市场规模变化 ⋯⋯⋯⋯⋯⋯⋯⋯⋯⋯ 76
2.3.2 便民缴费行业人群规模变化 ⋯⋯⋯⋯⋯⋯⋯⋯⋯⋯⋯⋯ 77

第二卷 消费者篇

第3章 消费者代际差异研究 ⋯⋯⋯⋯⋯⋯⋯⋯⋯⋯⋯⋯⋯⋯⋯⋯⋯⋯⋯ 81

3.1 消费者代际差异特征概述 ⋯⋯⋯⋯⋯⋯⋯⋯⋯⋯⋯⋯⋯⋯⋯⋯⋯ 81
3.1.1 不同代际差异特征 ⋯⋯⋯⋯⋯⋯⋯⋯⋯⋯⋯⋯⋯⋯⋯⋯ 82
3.1.2 不同代际金融消费差异 ⋯⋯⋯⋯⋯⋯⋯⋯⋯⋯⋯⋯⋯⋯ 84
3.1.3 不同代际互联网使用差异 ⋯⋯⋯⋯⋯⋯⋯⋯⋯⋯⋯⋯⋯ 86
3.2 便民缴费行业的消费者代际差异 ⋯⋯⋯⋯⋯⋯⋯⋯⋯⋯⋯⋯⋯ 87
3.2.1 80后成为便民缴费的主要受益群体 ⋯⋯⋯⋯⋯⋯⋯⋯⋯ 87
3.2.2 缴费差异：90后社交缴费多，70后、60后家庭缴费多 ⋯⋯ 89

第4章 中国便民缴费行业消费者研究 ⋯⋯⋯⋯⋯⋯⋯⋯⋯⋯⋯⋯⋯⋯⋯ 91

4.1 消费者满意度 ⋯⋯⋯⋯⋯⋯⋯⋯⋯⋯⋯⋯⋯⋯⋯⋯⋯⋯⋯⋯⋯⋯ 91
4.1.1 综合评价：客户基本满意，流程、服务可精益求精 ⋯⋯⋯ 91
4.1.2 原因探寻：流程多不满，60后看价格、90后重服务 ⋯⋯ 94
4.2 消费者缴费行为及习惯 ⋯⋯⋯⋯⋯⋯⋯⋯⋯⋯⋯⋯⋯⋯⋯⋯⋯ 98
4.2.1 郁闷场景：60后、70后烦停电，80后、90后怕断网 ⋯⋯ 98

4.2.2 缴费困扰：业务覆盖率低、体验不佳成为核心困扰 …………… 99
4.2.3 缴费时间：无固定缴费日，朝十晚四活跃人群最多 …… 101
4.2.4 缴费渠道和方式：渠道选择线上化趋势，
方式以物理网点为主 …………………………… 103
4.3 消费者选择与偏好 ……………………………………… 105
4.3.1 便民缴费消费者可聚类分为五大族群 ……………… 105
4.3.2 安逸夕阳族：重安全，现金支付是习惯 …………… 106
4.3.3 辣奢多金族：奉尊享，追求刷卡的质感 …………… 107
4.3.4 奔奔白领族：爱简单，PC时代信息粉 ……………… 108
4.3.5 新鲜乐活族：追潮流，手机是生活必需 …………… 109
4.3.6 夹心主妇族：大管家，安全便捷全都要 …………… 110
4.4 消费者缴费特征分析 …………………………………… 111
4.4.1 男性缴费渠道选择单一化，女性缴费渠道选择多样化 … 111
4.4.2 收入越高线下缴费渠道选择比例越低 ……………… 112
4.4.3 缴费渠道受业务局限性强 …………………………… 113

第三卷 未来篇

第5章 中国便民缴费行业发展社会环境分析 …………………… 117
5.1 互联网时代对缴费行业影响的深度与广度将进一步加深 …… 117
5.1.1 互联网市场规模将持续扩大，上网设备丰富度
将不断增加 …………………………………… 118
5.1.2 互联网快速渗透下的缴费行业格局进一步变化 …… 119
5.2 移动互联网浪潮中新技术推动缴费方式变革 ……………… 120
5.2.1 移动互联网的年轻化、全民化、场景化趋势明显 …… 120
5.2.2 手机支付带来缴费方式革命 ………………………… 122

5.3 社区O2O丰富便民缴费行业服务内容 ……………………… 126
　5.3.1 社区O2O蓬勃发展 …………………………………… 126
　5.3.2 社区O2O为便民缴费行业提供更多机会 …………… 128
5.4 共享经济与共享金融带来便民缴费新实践 ……………… 130
　5.4.1 共享平台迅速拓展，共享经济规模急速上升 ……… 131
　5.4.2 共享经济推动了共享金融的便捷服务 ……………… 133
　5.4.3 共享金融下，光大云缴费使便民缴费更便捷 ……… 134
5.5 互联网+推动行业集约、高效、透明化发展 …………… 137
　5.5.1 互联网+政务服务 …………………………………… 137
　5.5.2 互联网+金融 ………………………………………… 139
5.6 大数据推动便民缴费行业提供精细化服务 ……………… 140

第6章 中国便民缴费行业新业务发展潜力研究 ……………… 142
6.1 便民缴费行业新业务市场发展现状 ……………………… 142
　6.1.1 便民缴费行业新业务种类 …………………………… 142
　6.1.2 加油卡市场规模庞大，ETC普及受阻 ……………… 144
　6.1.3 教育费、ETC线上化高，网银是驱动 ……………… 146
　6.1.4 物业费渠道单一，懒人经济激发潜力 ……………… 147
6.2 新业务市场发展潜力 ……………………………………… 149
　6.2.1 渠道限制、业务覆盖面窄成最大不便 ……………… 150
　6.2.2 网点亟须推陈出新，上线期望待满足 ……………… 153
　6.2.3 小微企业自身线上化难实现 ………………………… 156

第7章 尾声 ……………………………………………………… 159

图目录

图 1-1　2015 年中国 GDP 总量世界排名 ……………………………… 5

图 1-2　中国历年 GDP 及增幅分析 …………………………………… 6

图 1-3　2015 年三大产业增加值与增长率 …………………………… 6

图 1-4　2014 年和 2015 年中国新登记企业数量 …………………… 8

图 1-5　2016 年经济发展五大任务 …………………………………… 9

图 1-6　2011—2015 年中国居民人均可支配收入及增长速度 ……… 10

图 1-7　2001—2015 年城镇居民人均可支配收入及增长率 ………… 11

图 1-8　2001—2015 年农村居民人均可支配收入及增长率 ………… 11

图 1-9　2001—2015 年中国城乡差异变化 …………………………… 12

图 1-10　中国社会消费品零售总额及增长率 ………………………… 14

图 1-11　中国城乡居民家庭恩格尔系数变化 ………………………… 15

图 1-12　2015 年全国居民人均消费支出及其构成 …………………… 16

图 1-13　中国产业划分结构 …………………………………………… 17

图 1-14　2011—2015 年三大产业增加值占国内生产总值的比重 …… 18

图 1-15　中国互联网网民规模和普及率 ……………………………… 22

图 1-16　中国手机网民规模及其网民比例 …………………………… 22

图 1-17　2015 年中国宏观经济变化 …………………………………… 23

图 1-18　2015 年中国线上线下缴费金额 ……………………………… 33

图 2-1　中国便民缴费行业 2014—2015 年总体市场规模及变化 …… 38

图 2-2　2015 年中国各业务市场规模及变化 ………………………… 40

图 2-3　2015 年中国各业务人群规模及变化 ………………… 41
图 2-4　各项业务发展梯队 …………………………………… 42
图 2-5　北京市地铁公交价位调整 …………………………… 42
图 2-6　基础生活必需品增幅 ………………………………… 44
图 2-7　2014—2015 年手机网民和固定电话规模变化 ……… 45
图 2-8　2014—2015 年缴费方式占比变化 …………………… 46
图 2-9　2014—2015 年缴费方式变化 ………………………… 47
图 2-10　各区域市场规模 ……………………………………… 48
图 2-11　各区域市场规模增幅 ………………………………… 49
图 2-12　区域线上规模占比变化 ……………………………… 50
图 2-13　中国总体缴费方式人群占比及变化 ………………… 51
图 2-14　用户类型划分 ………………………………………… 52
图 2-15　各项业务线上线下缴费比例 ………………………… 53
图 2-16　便民缴费方式 ………………………………………… 55
图 2-17　2015 年缴费渠道分布 ………………………………… 70
图 2-18　2015 年便民缴费渠道现状 …………………………… 71
图 2-19　2015 年中国各项业务市场规模变化分析 …………… 77
图 2-20　2015 年中国各项业务人群规模变化分析 …………… 78
图 3-1　中国网民年龄结构 …………………………………… 86
图 3-2　不同年龄段人群选择缴费渠道差异 ………………… 88
图 3-3　不同年龄段缴费业务差异 …………………………… 90
图 4-1　便民缴费行业消费者整体满意度 …………………… 92
图 4-2　综合评价低评分原因分析 …………………………… 93
图 4-3　便民缴费过程消费者不满意原因 …………………… 94
图 4-4　代际分布满意度评分 ………………………………… 94

图 4-5　60 后便民缴费不满意原因 …………………………… 96

图 4-6　70 后便民缴费不满意原因 …………………………… 96

图 4-7　80 后便民缴费不满意原因 …………………………… 97

图 4-8　90 后便民缴费不满意原因 …………………………… 97

图 4-9　不同代际消费郁闷场景分析 …………………………… 99

图 4-10　便民缴费行业缴费困扰 ……………………………… 100

图 4-11　缴费困扰因素分析 …………………………………… 101

图 4-12　总体缴费时间分布 …………………………………… 102

图 4-13　缴费时间段分析 ……………………………………… 102

图 4-14　工作日与周末流量分布对比 ………………………… 103

图 4-15　消费者缴费渠道选择偏好 …………………………… 104

图 4-16　消费者缴费方式选择偏好 …………………………… 104

图 4-17　便民缴费消费者五大族群 …………………………… 106

图 4-18　现金支付方式选择与未选择原因分析 ……………… 107

图 4-19　网点刷卡缴费方式选择与未选择原因分析 ………… 108

图 4-20　网上支付缴费方式选择与未选择原因分析 ………… 108

图 4-21　手机付费缴费方式选择与未选择原因分析 ………… 109

图 4-22　自助设备付费缴费方式选择与未选择原因分析 …… 110

图 4-23　不同性别缴费渠道 …………………………………… 111

图 4-24　不同收入水平缴费渠道选择 ………………………… 112

图 5-1　网民使用电脑接入互联网的场所 …………………… 118

图 5-2　互联网接入设备使用情况 …………………………… 119

图 5-3　2015Q1—2015Q4 中国移动智能终端设备规模及增速 …… 121

图 5-4　网上支付/手机支付用户规模及使用率 ……………… 124

图 5-5　手机充值市场阶段性发展趋势 ……………………… 126

图 5-6　2011—2017 年中国社区服务 O2O 市场规模 …………… 127
图 5-7　光大银行"云缴费"发展历程 …………………………… 135
图 5-8　光大银行"云缴费"商业模式 …………………………… 136
图 6-1　新业务市场规模 …………………………………………… 144
图 6-2　新业务人群规模 …………………………………………… 145
图 6-3　新业务缴费方式 …………………………………………… 147
图 6-4　中国物业费市场总体规模 ………………………………… 148
图 6-5　物业费缴费渠道 …………………………………………… 148
图 6-6　物业费缴费不便原因 ……………………………………… 150
图 6-7　教育考试费缴费不便原因 ………………………………… 151
图 6-8　ETC 缴费渠道不便原因 …………………………………… 152
图 6-9　消费者使用过的 ETC 充值方式 …………………………… 152
图 6-10　缴费方式的使用期望交叉 ………………………………… 153
图 6-11　ETC 业务缴费方式 ………………………………………… 154
图 6-12　物业费业务缴费方式 ……………………………………… 155
图 6-13　教育考试费业务缴费方式 ………………………………… 155

表目录

表1-1　各类型家庭缴费业务占比 …………………………………… 34
表2-1　各区域业务市场规模 ………………………………………… 49
表2-2　各业务缴费方式占比 ………………………………………… 53
表2-3　2015年各项业务占比分析 …………………………………… 55
表2-4　水费——各区域缴费方式占比 ……………………………… 56
表2-5　水费——重点省区市缴费方式占比 ………………………… 57
表2-6　电费——各区域缴费方式占比 ……………………………… 58
表2-7　电费——重点省区市缴费方式占比 ………………………… 58
表2-8　煤气/天然气费——各区域缴费方式占比 …………………… 59
表2-9　煤气/天然气费——重点省区市缴费方式占比 ……………… 59
表2-10　供暖费/电暖费——各区域缴费方式占比 ………………… 60
表2-11　供暖费/电暖费——重点省区市缴费方式占比 …………… 61
表2-12　有线电视费——各区域缴费方式占比 …………………… 61
表2-13　有线电视费——重点省区市缴费方式占比 ……………… 62
表2-14　网络宽带费——各区域缴费方式占比 …………………… 62
表2-15　网络宽带费——重点省区市缴费方式占比 ……………… 63
表2-16　固定电话费——各区域缴费方式占比 …………………… 63
表2-17　固定电话费——重点省区市缴费方式占比 ……………… 64
表2-18　手机话费——各区域缴费方式占比 ……………………… 65
表2-19　手机话费——重点省区市缴费方式占比 ………………… 65

表2-20	公交卡充值——各区域缴费方式占比	66
表2-21	公交卡充值——重点省区市缴费方式占比	66
表2-22	交通罚款——各区域缴费方式占比	67
表2-23	交通罚款——重点省区市缴费方式占比	67
表2-24	线上终端自助缴费要素结构	73
表2-25	线下网点代办模式的要素结构	74
表2-26	线下设备自助模式的要素构成	75
表3-1	不同代际人群的代际差异特征	83
表4-1	全国各大区缴费渠道选择	113
表5-1	2016年手机互联网前十大应用使用	123
表5-2	中国主要共享经济领域公司	132
表6-1	各区域新业务市场规模	145
表6-2	新业务缴费渠道	146

第一卷 行业篇

第1章
中国便民缴费行业发展宏观环境分析

随着经济的发展，中国便民缴费行业与人们的生活契合度不断加深，各类缴费需求随着现代消费者的消费需求一同增长。时代风云涤荡，宏观环境的基本态势是所有经济主体发展的内在驱动力。时势造英雄，我们首先从宏观环境基本面的发展状况、时代变幻的大气候中洞见中国便民缴费的基本发展态势。

1.1 中国经济环境分析

中国经济环境分析将从国内外宏观经济运行情况、居民收入与消费情况、相关行业发展变化情况进行逐一分析。

1.1.1 宏观经济运行情况分析

近年来世界形势错综复杂，世界经济处于复苏乏力状态，国际贸易呈现下滑态势，各种类型的金融风险也在增加，乏力的国际经济形势给中国经济的发展增添了不利因素。中国国内经济形势同样不乐观，虽然GDP增长仍然处于全球前列，但是2015年外贸出口六年来首次负增长、投资回落、工业低迷、内需不足等问题同时出现，转型升级是解决此类问题的必由之路，国内经济在转型升级阵痛中前行。

世界经济处于缓慢疲弱复苏态势

世界经济在动荡中呈现缓慢疲弱复苏的态势,发达国家经济有所复苏,但新兴经济体国家经济增速却进一步回落。

(1) 不同经济体增速分化进一步加剧,不稳定和不确定性进一步增加

发达国家经济复苏,其中2015年美国GDP比上年增长2.4%,欧元区GDP增长1.5%,日本GDP增长0.4%。美国和欧元区个人消费增长加快,三大发达经济体失业率基本延续持续走低态势,美国、欧元区、日本失业率较上年分别降低0.9个、0.2个和0.7个百分点。但新兴经济体增速进一步回落,南非经济增速回落到1.3%,俄罗斯和巴西出现负增长,分别下降3.7%、3.8%。

(2) 世界经济缓慢疲弱复苏态势仍将延续较长时间

在世界工业生产低速增长、世界贸易持续放缓、金融市场动荡加剧、大宗商品价格大幅下跌的影响下,整体增速降至2010年以来最低水平,据联合国预测,2016年全球经济增速仅为2.4%。世界经济整体复苏疲弱乏力,增长速度放缓。各国都面临着结构性改革的艰巨任务,世界经济重回稳定的增长通道仍然需要较长的时间,2015年世界各指标具体表现如下:

世界工业生产低速增长,发展中国家和发达国家工业生产2015年全年同比增速均出现下滑,并且从1月到12月呈逐月下滑趋势;世界贸易持续放缓,IMF数据显示,2015年世界贸易量增长2.6%,比上年回落0.8个百分点;世界金融市场动荡加剧,美联储近十年来首次加息,欧元区与日本扩大量化宽松,这导致世界主要货币对美元持续贬值,进而导致国际投资者加速从新兴市场撤资,引起相关国家股市债市大幅波动;世界大宗商品价格大幅下跌,2015年,能源价格比2014年暴跌45.1%,创2009年以来最低水平,非能源价格也呈现连续4年下跌的态势。

中国经济稳步前行,但增速有所放缓,第三产业亮点多

面对错综复杂的国际形势和不断加大的经济下行压力,中国领导层保持了

第1章 中国便民缴费行业发展宏观环境分析

战略定力，统筹谋划国际和国内这两个市场，坚持稳中求进工作总基调，主动适应经济新常态，以新的发展理念指导实践，不断进行适时的宏观调控，通过推进结构性改革来解放生产力，扎实推动"大众创业、万众创新"，经济保持了总体平稳、稳中有进的发展态势。

（1）GDP增速放缓，但总量依旧稳步增长

2015年中国经济稳中有进，国家统计局数据显示，2015年中国GDP（国内生产总值）为67.67万亿元，较上年增长6.9%，呈现稳步增长态势，但增速进一步放缓。GDP是衡量一个国家整体经济状况的重要指标，同时也是国民经济核算的核心指标。整体来看，虽然2015年中国GDP增速为20年来新低，但是GDP总量全球排名仅次于美国，依然为世界第二大经济体，对全球经济发展具有较强的领军作用。随着中国经济规模的增大，6.9%的增速所对应的经济增量超过6000亿美元，不仅相当于中国20世纪90年代初期全年GDP，也超过了目前一个中等国家一年GDP。从世界范围看，6.9%的经济增速在全球主要经济体中位居前列。

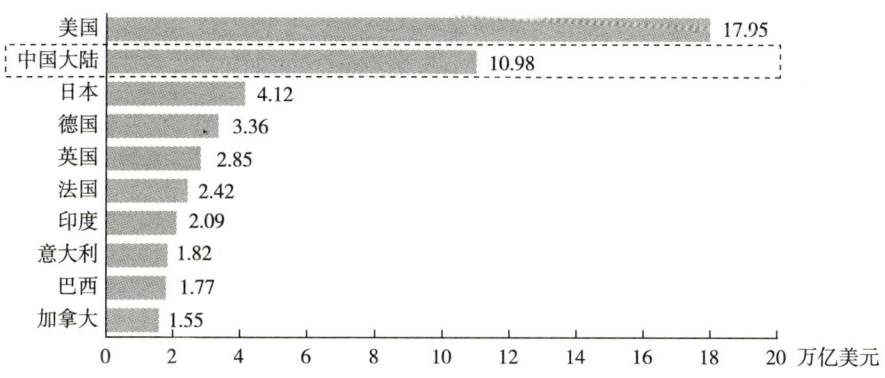

资料来源：国际货币基金组织。

图1-1　2015年中国GDP总量世界排名

5

小服务　大格局

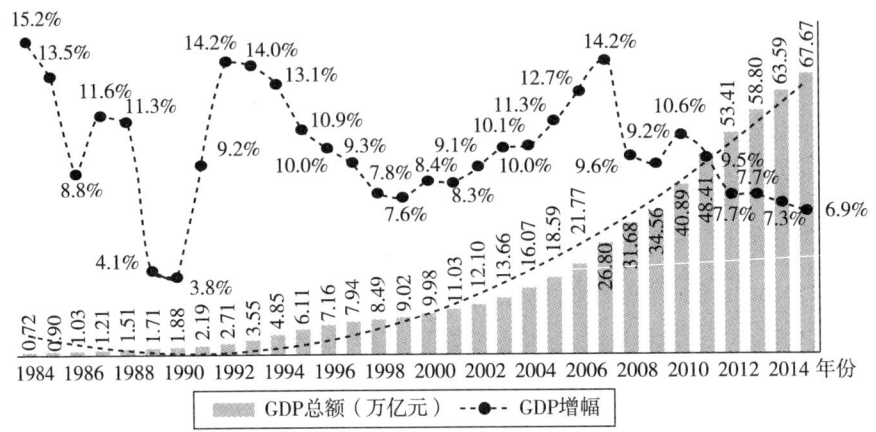

资料来源：国家统计局。

图1-2　中国历年GDP及增幅分析

（2）第三产业成为发展主要动力，金融业快速发展

第三产业是中国GDP发展的主要动力。分产业看，2015年第一产业增加值超过6万亿元，比上年增长3.9%；第二产业增加值超过27万亿元，增长6.0%；第三产业增加值超过34万亿元，增长8.3%，已经成为拉动GDP增长的主要动力。2015年，第三产业增加值占国内生产总值的比重达到50.5%，

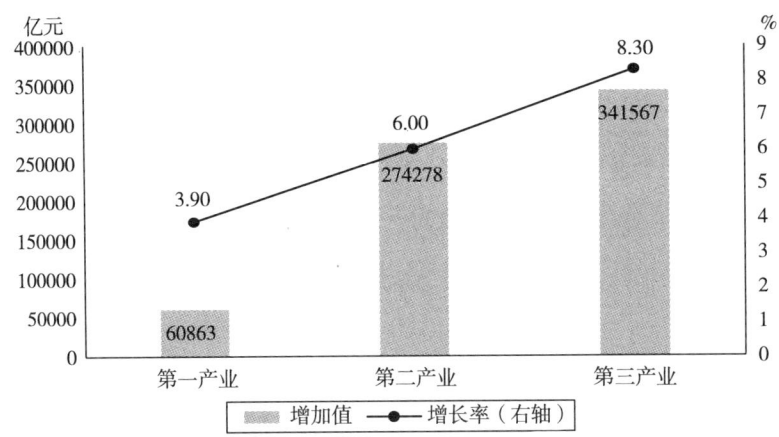

资料来源：国家统计局。

图1-3　2015年三大产业增加值与增长率

首次突破50%，比上年提高了2.4个百分点，高于第二产业10个百分点。在第三产业主要细分产业中，金融业增长最快，全年增长率高达15.9%，增速远高于GDP增幅，目前继续呈现平稳较快的发展态势。

（3）互联网+万众创新战略加快生活服务互联网化

2016年，国家实施了稳健前瞻的宏观政策，通过采用精准到位的产业政策和推行一系列实际可行的改革政策，"十三五"的开局之年取得了良好成绩，为后面的发展打好了基础。李克强总理在2016年两会上对金融工作作出了全面部署，提出了"规范发展互联网金融，大力发展普惠金融和绿色金融"的改革方向。推动简政放权，放管结合，纵深发展优化服务改革，最大力度地发挥大众创业和万众创新，通过"互联网+"集聚众智众力，发挥出乘数效应。2015年，国务院发布了《国务院关于大力推进大众创业万众创新若干政策措施的意见》，在万众创新战略下，互联网领域创业风起云涌，生活服务领域的创业和创新占比高。大众创业和万众创新是培育和催生经济社会发展新动力的必然选择，是扩大就业和实现富民之道的根本举措，是激发全社会创新潜能和创业活力的有效途径。国家通过创新体制和机制，实现创业便利化；通过优化财税政策，强化创业扶持；通过搞活金融市场，实现便捷融资等扶持创新创业。

国家大力鼓励民众创业，尤其鼓励大学生创业。2015年中国平均每天新登记企业超过1.2万户，比2014年增长超过21%。随着近几年互联网创新产业和产品的不断出现，传统生活服务领域的产品种类越来越多，涉及衣、食、住、行、娱等各个领域，包括电商购买、点餐外卖、房屋分享、打车拼车、医药O2O等，这些涉及生活服务行业领域的创业浪潮会加快生活服务行业的互联网化。在创新2.0时代，生活充值缴费与互联网+的"联姻"，极大地推动了传统便民服务行业的创新改革。例如，支付宝和微信等互联网企业加大了生活充值缴费服务的涵盖，与此同时，各大银行APP也纷纷提供各类充值缴费接口,各类与此相关的创业公司也纷纷涌现。随着互联网经济的强势发展,整个行业顺势而动,互联网企业、金融机构、公共事业单位及各类电商平台都看准时机加入其中,共同服务大众。

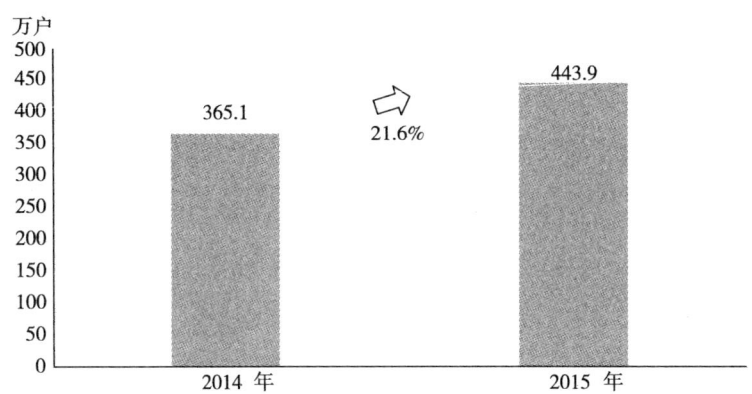

资料来源:国家工商行政管理总局。

图1-4 2014年和2015年中国新登记企业数量

供给侧结构改革推动经济转型,加快生活性服务供给优化

2016年结构性改革的任务十分繁重,在当前国内经济增速放缓的情形下,应通过不断深化结构性改革来引导消费升级、优化服务供给,释放新的增长动力。2016年定位为推进供给侧结构性改革的攻坚之年,经济工作的五个主要任务是降成本(帮助企业降低成本)、补短板(扩大有效供给)、去产能(化解产能过剩)、去库存(化解房地产库存)、去杠杆(防范化解金融风险)。这些改革措施是未来五年内中国维持GDP增速在6.5%以上的重要保证。政策也明确加快推动第三产业的发展,通过供给侧改革,从供给和需求两端同时发力释放消费潜力。目前,中国还存在着第三产业新兴行业有效供给不足的问题,极大地制约了消费潜力的释放。而有效供给不足的主要原因是供给和需求的错位,由于无效供给过多导致产能过剩,而有效供给不能满足现有的消费结构升级需求导致比较严重的消费外流现象,例如,2015年中国游客在境外的消费超过 1.2 万亿元。产品质量和第三产业的服务不能满足消费者需求成为导致国内消费外流的重要原因。第三产业新兴行业的需求强劲，但由于国内有效供给不足，抑制了居民的消费意愿，制约了消费升级。

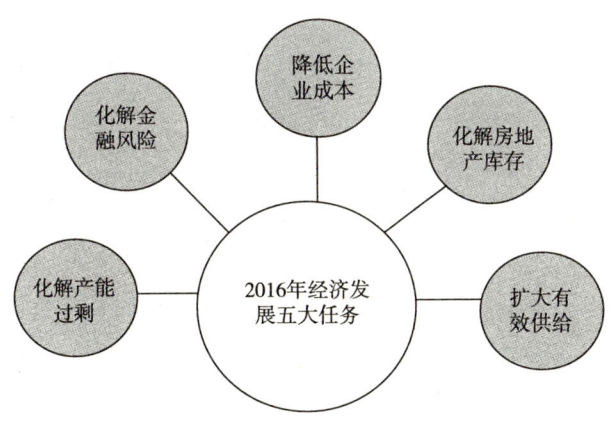

图 1-5　2016 年经济发展五大任务

政策引导丰富了便民缴费行业相关的生活性服务内容，快速增加短缺服务提供。国务院办公厅印发的《关于加快发展生活性服务业促进消费结构升级的指导意见》，明确从供给和需求两侧推动十大生活服务项目改革，共包含了居民和家庭服务、教育培训服务、健康服务等十大类。正是通过对这十大类贴近国内居民生活、社会需求潜力大和带动作用强的生活性服务领域进行重点推动和改革，进一步推动提升服务业在 GDP 中的比重，实现加快淘汰低端制造业产能的步伐。减少无效供给，扩大有效供给，提高服务供给质量，进一步满足人民日益增长的消费内容和结构需求。从便民缴费行业的视角来看，降低各类交易和缴费成本、提升和改善消费环境，推动各类便民缴费服务进农村、进中小城镇，加速服务业线上线下的融合发展是重要任务。

1.1.2　居民收入与消费情况分析

2015 年，全国居民收入稳步增长，城乡收入比进一步缩小，收入的增加和均衡发展,为城市和乡镇居民享受更多便民缴费服务奠定了基础。另外,消费恩格尔系数连续三年降低,消费结构进一步优化,居民将更多消费分配到非食品领域,为便民缴费业务的快速发展提供了可能。

居民收入稳步增加,增长速度超过 GDP 增速

改革开放三十多年来,全国居民的整体收入水平有了很大提高,增长速度超过了 GDP 增速。2011 年到 2015 年五年间城镇居民可支配收入保持快速增长,2015 年中国居民人均可支配收入达到 21966 元,比上年名义增长 8.9%,扣除价格因素实际增长 7.4%,比 2011 年增加 7415 元。

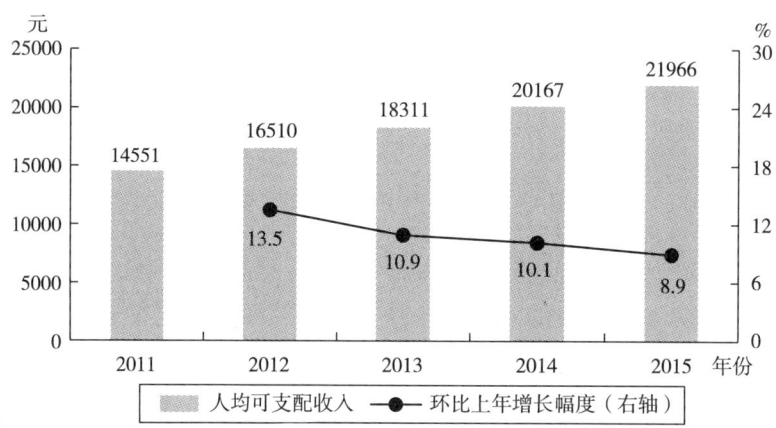

资料来源:国家统计局。

图 1-6 2011—2015 年中国居民人均可支配收入及增长速度

中国城镇居民和中国农村居民收入都有较大幅度提高。2007 年中国城镇居民人均可支配收入为 13786 元,2011 年中国城镇居民人均可支配收入突破 20000 元大关,2015 年城镇居民人均可支配收入为 31195 元,比上年增长 8.2%,扣除价格因素实际增长 6.6%;2007 年中国农村家庭人均纯收入为 4140 元,到 2015 年农村居民人均可支配收入 11422 元,比上年增长 9.0%,扣除价格因素实际增长 7.5%。

第1章 中国便民缴费行业发展宏观环境分析

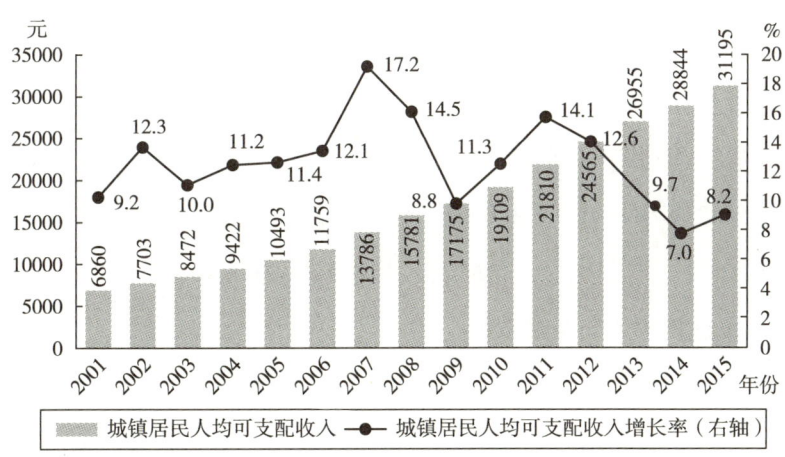

资料来源：国家统计局。

图1-7 2001—2015年城镇居民人均可支配收入及增长率

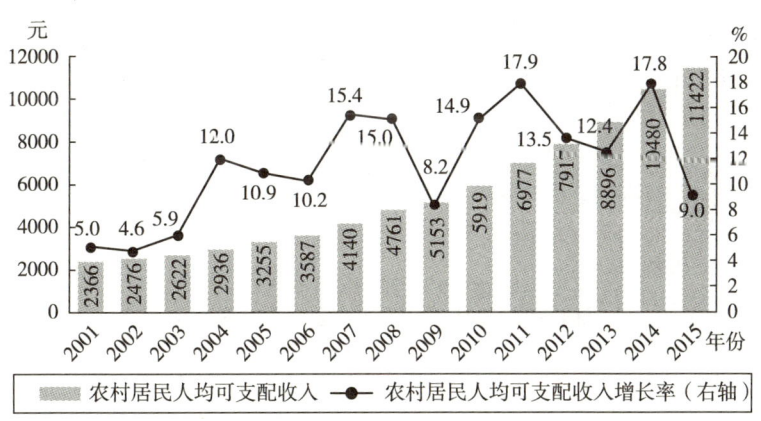

资料来源：国家统计局。

图1-8 2001—2015年农村居民人均可支配收入及增长率

居民收入差距继续缩小，财产收入和转移占比提升

居民收入差距继续缩小，城乡居民人均可支配收入比值也在缩小。按照城乡同口径人均可支配收入计算，2015年城乡居民人均收入之比为2.73∶1，比

11

2013年下降0.08，比2014年缩小0.02。地区间居民收入相对差距不断缩小。收入水平较低的西部地区居民增速最快，最近三年，西部地区居民人均可支配收入年均增速为10.1%，比中部地区高0.2个百分点，比东部地区高0.9个百分点，比东北地区高1.7个百分点。东部与西部、东部与中部地区人均收入比值分别比2013年缩小0.03和0.02。居民收入城乡间、地区间差距均有所缩小，2015年中国居民人均可支配收入基尼系数为0.462，比2012年下降了0.012，居民总体收入差距继续缩小。

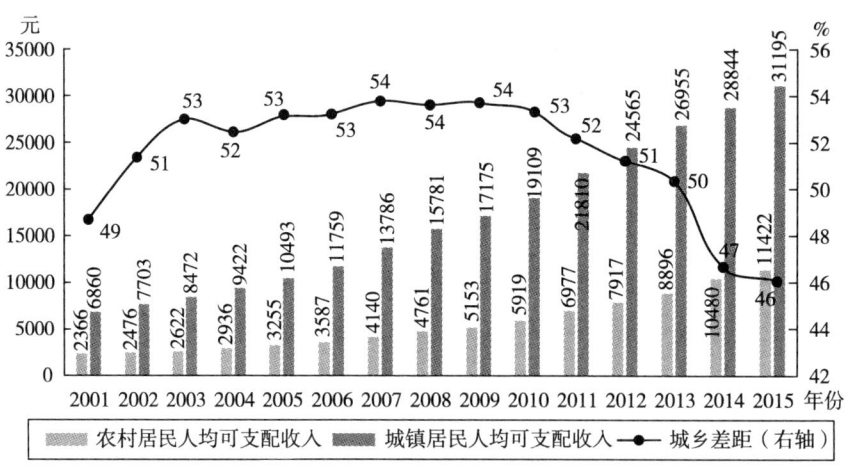

资料来源：国家统计局。

图1-9 2001—2015年中国城乡差异变化

财产收入和转移收入比重提高。2015年全国居民人均工资性收入12459元，比2013年增长19.7%，年均增长9.4%；人均经营净收入3956元，比2013年增长15.2%，年均增长7.3%；人均财产净收入1740元，比2013年增长22.2%，年均增长10.6%；人均转移净收入3812元，比2013年增长25.3%，年均增长11.9%。2015年人均转移净收入和财产净收入在人均可支配收入中的比重比2013年分别提高了0.8个和0.1个百分点。

消费成拉动经济第一动力、网络消费和服务消费方兴未艾

消费平稳较快增长，达到新高，成为经济发展的第一驱动力。网络消费和服务消费成为增长亮点，会继续保持快速发展。

（1）消费贡献率持续提高，成为经济第一驱动力

2015年，随着中国经济发展进入新常态，消费市场继续保持平稳较快增长，对经济增长的贡献率持续提高。2015年全国居民人均消费支出达到15712元，比2013年增长18.8%，扣除价格因素实际增长14.9%，年均实际增长7.2%。在稳增长、调结构背景下，经济依靠从传统的投资、工业转向消费、服务业、新兴产业。商务部数据显示，2015年，国内消费市场运行总体平稳并呈前低后高、小幅波动态势。全年实现社会消费品零售总额达到30.1万亿元，同比增长10.7%，增速较前三个季度提高0.2个百分点，最终消费对经济增长的贡献率达到了66.4%，比2014年提高了15.4个百分点，成为经济增长的第一驱动力，在2014年的基础上持续高速增长。2015年中国经济稳中有进，需求结构改善，最终消费对GDP的贡献达到新高的同时，居民消费结构也在不断升级改善。目前中国正在实现经济增长由投资和外贸拉动为主向内需特别是消费为主的重大转型。随着国民收入进一步提高，中国消费升级将从商品消费驱动转向服务消费驱动，从传统消费驱动转向新兴消费驱动。新技术催生新消费热点，新理念带动服务消费增加。

（2）多点支撑扩大消费，新增长点潜力巨大

网络消费和服务消费方兴未艾。网络消费快速增长，2015年全国网上零售额3.87万亿元，比上年增长33.3%，远高于社会消费品零售总额增长率。其中，实物商品网上零售额3.2万亿元，增长31.6%，占社会消费品零售总额的比重约为11%，是网上实物销售增长最快、规模最大的国家；服务消费增长较快。大众餐饮、文化娱乐、休闲旅游持续升温。全国餐饮收入增长11.7%，增速比上年加快2个百分点，其中，限额以下单位餐饮收入增长

13.6%。全国电影票房收入超过 440 亿元,同比增长近 50%。国内旅游突破 40 亿人次,旅游收入超过 4 万亿元。

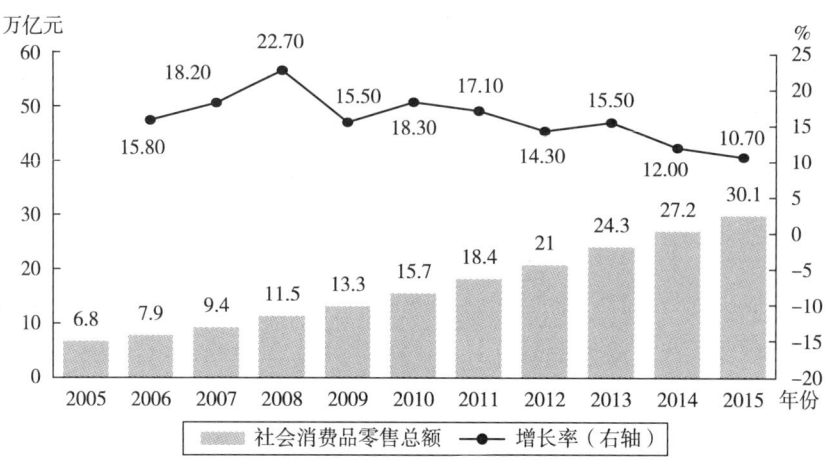

资料来源:2016 中国互联网金融研究报告。

图 1-10 中国社会消费品零售总额及增长率

支撑消费扩大的原因来自多个方面,城乡居民收入的增加、社会保障体系的不断完善、高就业率和创业创新氛围的形成、中高收入阶层的人数增多都为消费增长提供了支撑。党的十八大以来,中国城乡居民收入的增长率连续 3 年都是高于 GDP 增长率的,消费能力不断提高。而社会保障体系的不断完善,使人们有钱敢于去消费,为消费增长提供了基础。以网络消费和服务消费为主的新兴消费未来仍将有较大的增长空间,潜力巨大。

消费结构不断升级,新兴消费日趋增加

中国居民的消费结构升级步伐加快,恩格尔系数不断降低,非食品的消费支出不断增加。不断壮大的"中产阶层"进一步催生了服务消费快速发展,给便民缴费行业发展带来了新机遇。

(1)恩格尔系数"三连降",居民消费结构升级步伐加快

中国恩格尔系数连降三年,从 2013 年的 31.2% 降到 2014 年的 31%,

2015年进一步下降到30.6%,正在从"相对富裕"向"富足"标准迈进。恩格尔系数(Engel's Coefficient)是食品支出总额占个人消费支出总额的比重,联合国根据恩格尔系数的大小,对世界各国的生活水平有一个划分标准,即一个国家平均家庭恩格尔系数大于60%为贫穷;50%~60%为温饱;40%~50%为小康;30%~40%为相对富裕;20%~30%为富足;20%以下为极其富裕。改革开放以来,中国城镇和农村居民家庭恩格尔系数已由1978年的57.5%和67.7%分别下降到2015年的34.9%和37.1%,达到相对富裕阶段。

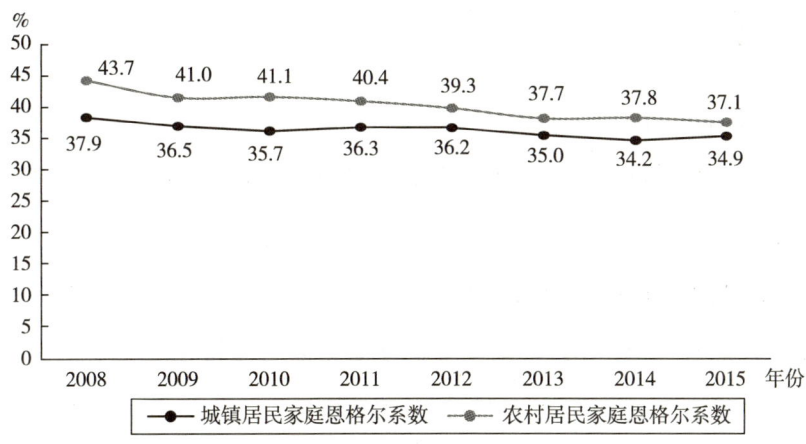

资料来源:国家统计局。

图1-11 中国城乡居民家庭恩格尔系数变化

居民消费中服务类需求比重越来越高,例如,交通通信、教育文化娱乐占个人消费的比重均越过10%,消费结构加快升级。不同区域的消费结构也在不断优化,2015年乡村消费品零售额4.2万亿元,同比增长11.8%,占社会零售总额的比重为13.9%,比上年扩大0.2个百分点,增速从2013年以来一直快于城镇。中西部地区消费增速领跑,2015年商务部重点监测零售企业中部、西部地区销售额同比增速分别比东部高1.2个和0.9个百分点。

小服务　大格局

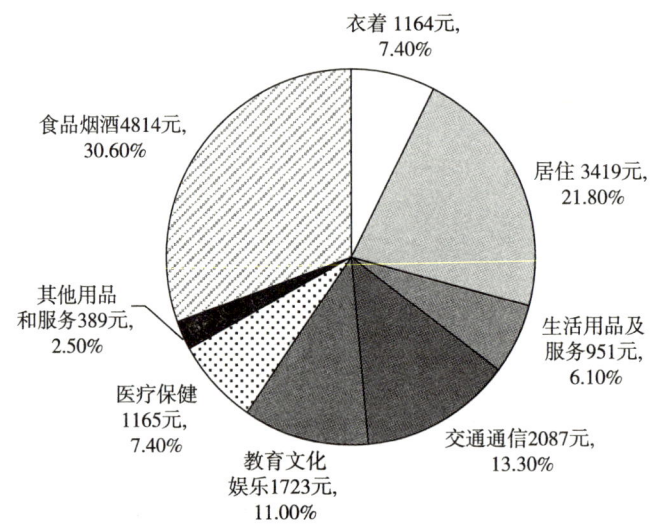

资料来源：国家统计局。

图1-12　2015年全国居民人均消费支出及其构成

(2)"中产阶层"重塑中国消费结构，新兴服务消费需求日趋增加

中国目前正在形成一个中等收入阶层，也就是常被称做的"中产阶层"。低端商品和服务已经开始难以满足他们的消费需求，因此出境购物逐渐成为这个阶层的新潮流。如果将家庭财富在5万~50万美元设为"中产阶层"标准，2015年中国"中产阶层"绝对人口超过1亿人，已经超越美国成为全球第一。2016年中国消费延续快速增长的态势，如何更好地满足"中产阶层"差异化和多样化的消费需求，提供品种多样、质量优良、使用安全、环境舒适的商品和服务是供给侧改革发力的一个重点。"中产阶层"作为消费新金矿，开始崛起，数据显示2015年中国中产阶级的财富已达到7.3万亿美元，占全国财富的32%，这些家庭的消费增长将贡献未来几年消费增长量的8成以上。

"中产阶层"的增加和消费结构升级会对中国消费结构产生很大的影响。随着一般消费品（食品、衣着、家电设备及用品）占消费支出的比例不断下降，新兴消费（交通通信、教育文化娱乐及医疗保健）占比逐渐上升，消费

16

第1章 中国便民缴费行业发展宏观环境分析

中更少的比例被用于满足生存需求，而更高的比例被用于提高生活品质。未来传统消费会逐渐衰落，而新兴服务消费会逐渐兴起。

1.1.3 相关行业发展变化情况分析

便民缴费与人们的生活息息相关，便民缴费行业作为服务业的分支行业，与服务业中多个子行业有密切的关系，特别是与居民服务行业、金融行业、互联网行业发展有直接联系。加之便民缴费行业的服务属性与服务业的服务特性相融合，不仅能够有效改变人们传统的生活方式，还能促进服务性相关领域产业的快速发展，对促进国民经济快速发展具有重要的意义。服务性产业，也被称为第三产业，在国民经济的实际核算中是指除第一、第二产业以外的其他产业部门。与其他产业相比，服务业具有非实物性、不可存储性以及生产与消费同时性等特征。

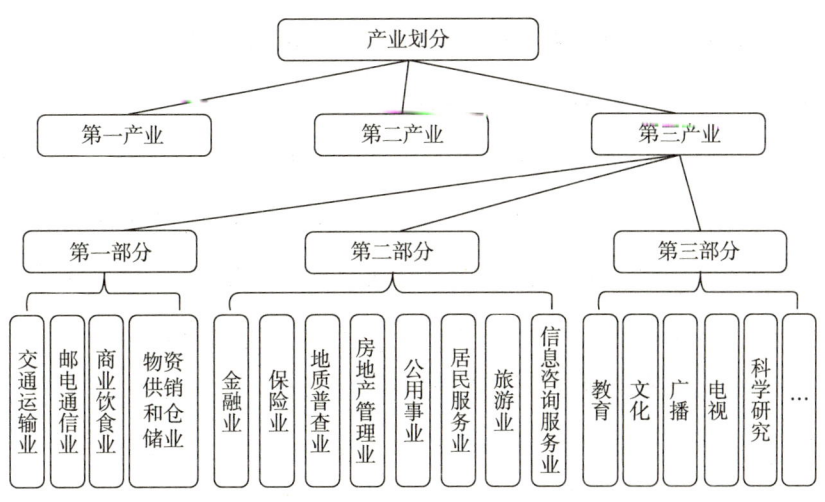

资料来源：国家统计局。

图1-13 中国产业划分结构

随着近年来国家政策对服务业的资金和政策扶持，行业市场开放程度不断加深，服务业市场规模不断扩大，服务业的新产业、新业态、新商业模式不断涌现和发展。中国从事服务业人口比重不断增加，人民对服务的需求也在不断增加，服务业产业增加值对GDP的拉动也越来越明显。

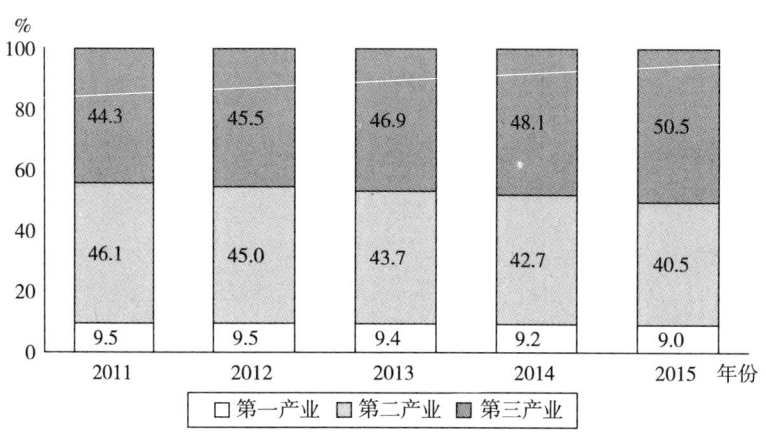

资料来源：国家统计局。

图1-14 2011—2015年三大产业增加值占国内生产总值的比重

居民服务行业呈现快速发展良好势头

随着中国便民缴费行业的快速发展，房地产业、金融业、租赁和商务服务业、居民服务业、公共设施管理业等服务类产业俨然成为了助推便民缴费行业快速发展的重要动力。其中，居民服务行业与缴费行业中的基础类缴费业务相关度最高。居民服务业在市场中发展相对较为平稳，国人生活质量提高导致对服务的需求更加旺盛。2005年以来，中国家庭服务类消费支出比重逐年上升，近两年中国家庭服务类消费支出更是达到了近10年来的最高峰。作为第三产业的重要组成部分，生活服务行业已经成为为人们衣食住行提供便利的重要行业门类之一，并且涉及的领域十分广泛，其产业目前总体呈现快速发展的良好态势。中国服务业的发展主要得益于劳动生产率的提高、经济发展水平的提升和服务业投入要素的追加。随着近年来人民生活水平的不断提高和生活节奏的

第1章 中国便民缴费行业发展宏观环境分析

加快,居民对服务性消费的需求逐渐增加,推动了居民服务业整体呈现快速发展的良好势头。

金融行业多层次多功能体系建设逐步完善

金融行业在国民经济中处于牵一发而动全身的地位,关系到经济发展和社会稳定,具有优化资金配置和调节、反映经济的作用。随着世界经济的不断发展,世界各国产业结构的调整,金融行业所占经济比重不断提升,形成了金融行业在国民经济占重要份额的局面,世界各国政府都非常重视金融业的发展。

(1) 金融行业层次和功能体系不断完善

中国加入世界贸易组织后,不断完善多层次多功能金融市场体系,银行交易与信息系统服务日臻完善。中国已经基本建立起以商业银行、社会保障基金、信托公司、证券公司、保险公司等机构为主体的多元金融体系。在金融行业多层次多功能体系的建设过程中,随着2015年国务院法制办《网络借贷信息中介机构业务活动管理暂行办法(征求意见稿)》和《非银行支付机构网络支付业务管理办法》,以及2016年7月人民银行等十部委联合发布的《关于促进互联网金融健康发展的指导意见》的出台,对新兴的互联网金融市场的监察进一步加强,形成了更加完善的功能体系。

中国互联网金融市场平台化改革和产品的创新型发展,促进行业产业快速发展。产品创新后能够精准地覆盖潜在消费客群,减少行业内企业发展中的恶性竞争和资金链断裂等问题。通过精细化管理和产品创新,互联网金融平台抗风险能力大大增加。两个办法和一个指导意见的实施,严格规范了国内互联网金融市场机制,减少了恶性竞争以及网络非法集资等现象的发生。总体而言,随着国家对互联网金融行业的政策性支持和约束,行业内的竞争将会向健康化发展,而在未来的发展过程中,行业内的创新型企业将会持续增加。

(2) 第三方支付等新兴模式,不断完善和丰富现有体系

支付是连接多行业多领域的桥梁,近年随着电子商务的发展,第三方支付

进入了快速发展的通道。以支付宝、微信、银联商务、拉卡拉等为首的支付企业，联合大型电子商务网站、线下消费网点等，进行在线支付满足消费者需求，迅速发展壮大。随着第三方支付不断地拓展覆盖领域，线上支付普遍支持公共事业缴费服务功能，同时依托指纹支付以及二维码支付等技术发展线下支付市场。随着第三方支付的快速发展，其自身积累了海量的用户注册和交易数据，通过这些数据可以有效地进行多维度分析，服务于互联网信贷等相关业务。安全、便捷的第三方支付在助力互联网电子商务发展的同时，也促进了互联网的诚信体系建设。在中国金融系统建设与创新中，第三方支付体系完善和丰富了现有金融体系，满足了金融更好服务于快速发展的网络经济的需求，便捷了零售支付工具，完善了相关企业及个人的商业信用体系，对传统金融服务进行了很好的补充。

（3）金融的服务属性会愈发明显

金融行业通过其特殊的产品和服务推动着各类服务行业的增长，对便民缴费相关行业发展具有重要影响。研究表明，金融业与第三产业的直接关联度最高。中国金融业不仅在生活服务过程中作为交易双方提供了基础支付和结算服务，而且还为生活服务行业提供了基础的信贷、融资等企业发展类的服务。以互联网支付平台（如支付宝、微信支付）为例，互联网支付平台不仅提供了基础支付服务，还推出了消费信贷等金融服务，消费者可以根据需要选择对应的金融服务。互联网支付平台的发展，刺激了消费者消费。正是由于该类互联网支付平台的发展，互联网金融的服务属性愈发明显。尤其是移动电话费的线上充值缴费、水电费线上缴纳都成为推动当前互联网金融服务发展的动力之一。互联网支付、互联网借贷、线上消费等服务普及，促进了金融行业服务化发展的趋势和进度，进一步加速了金融与各行业发展的融合。2016年中央大力推动金融改革开放，深化重点领域改革，持续释放改革红利，促进了金融行业更加高质量、高效率的可持续发展，使之更好地服务于社会经济发展。

互联网行业深度变革人类生活方式

现如今，无论是在公交车上、地铁车厢里，还是在餐厅里就餐和商场里购物，随处都可以看到"低头族"、"拇指族"，他们要么是在刷朋友圈，要么是在浏览新闻。外出用车时，不用再提早站到马路边争抢出租车，而是通过滴滴、快的、Uber 提前进行预约，可以根据需要选择出租车、专车、顺风车等各类适合自己的出行方式。是什么促成了这样的改变？是互联网技术和应用，在信息共享的基础上，社会业态、经济发展模式随之发生巨大改变。互联网技术在短短二十年的时间里，以前所未有的速度改变了世界商业和生活方式，将人类带入了全新的互联网时代。

中国已经成为互联网用户最多的国家，中国互联网络信息中心（CNNIC）《中国互联网络发展状况统计报告》显示（见图 1 - 15），截至 2016 年 6 月，中国网民规模达 7.10 亿人，半年共计新增网民 2132 万人，增长率为 3.1%，其中手机网民规模达 6.56 亿人，网民中使用手机上网的人群占比由 2015 年底的 90.1% 提升至 92.5%，仅通过手机上网的网民占比达到 24.5%，网民上网设备进一步向移动端集中。截至 2016 年 6 月，中国互联网普及率达到 51.7%，与 2015 年底相比提高 1.3 个百分点，超过全球平均水平 3.1 个百分点，超过亚洲平均水平 8.1 个百分点。目前互联网与便民缴费行业相关的业务主要有以下几种：手机话费、电费、网络宽带费、公交卡、煤气/天然气、水费、取暖费、社区物业费等，互联网逐渐深入到每个人的生活中，民众也开始习惯了 PC 端和移动端接入互联网带给日常生活方面的便利性和便捷性。

中国互联网行业发展近年来呈现向移动互联网迁移的趋势，各类生活服务类企业和平台也在快速接入移动互联网，规模正以爆炸式速度发展，这为便民缴费行业的跨越式发展提供了必要条件。居民通过电商平台、支付平台进行各类缴费越来越普及和便捷，银行等传统金融机构也在纷纷加速移动互联网化，开通网上银行、手机银行等业务。经济的发展、人均可支配收入增加极大地促

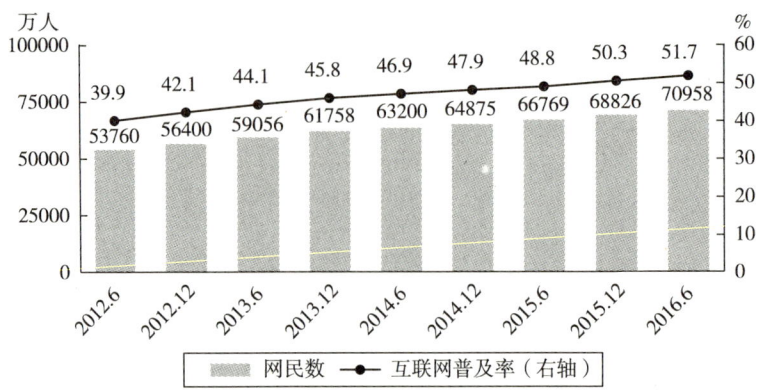

资料来源：CNNIC 中国互联网络发展统计调查。

图 1-15　中国互联网网民规模和普及率

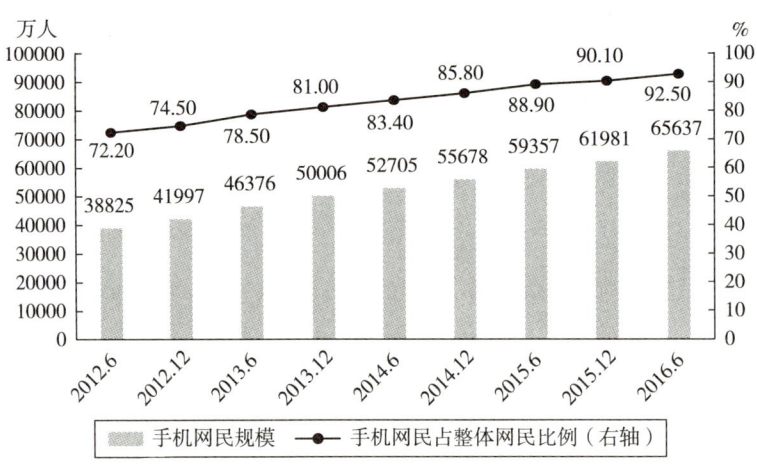

资料来源：CNNIC 中国互联网络发展统计调查。

图 1-16　中国手机网民规模及其网民比例

进了消费者各类支出，缴费作为家庭的生活性支出也在增加。GDP 稳步增长、居民可支配收入增加、金融行业发展完善、互联网经济快速成长都为便民缴费行业发展提供了内生动力。

1.1.4 中国经济环境分析小结

从国内外宏观经济运行情况来看,世界经济处于缓慢疲弱复苏态势,并且仍将延续较长时间。中国经济虽然受到世界经济发展的不良影响,但是仍然保持稳步前行,虽然增速有所放缓,但仍在世界经济发展中占据重要的领军地位。从三大产业发展情况来看,第三产业成为中国经济发展的主要动力,增加值占国内生产总值的比重达到50.5%,首次突破50%。金融业作为第三产业的细分产业,仅2015年全年增长率就高达15.9%,增速远高于GDP增幅。互联网+万众创新战略加快生活服务互联网化,国家加大对互联网创新型产业的鼓励政策扶持,引导互联网向各行业渗透。供给侧结构性改革推动经济转型,加快生活性服务供给优化,引导国内消费升级,为快速带动便民缴费行业发展提供了有利条件。

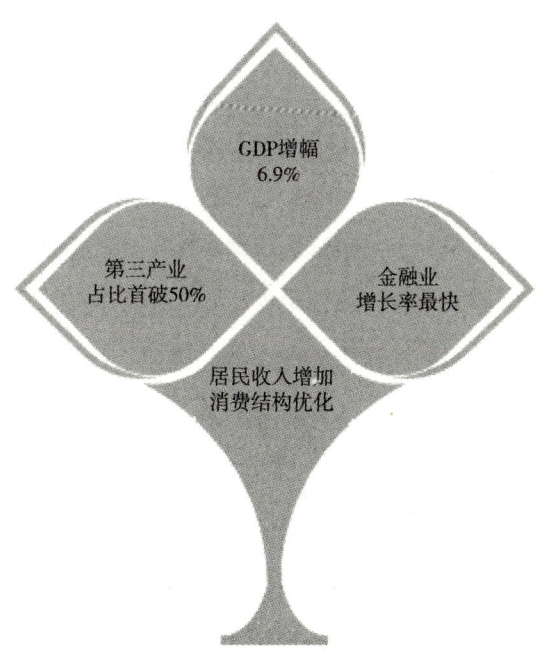

图1-17 2015年中国宏观经济变化

从居民与消费情况来看，中国改革开放以来，居民收入不断增加，近几年已经赶超国家 GDP 增长速度，消费结构进一步优化，产业升级转型步伐加快。国家通过收入分配政策在内的一系列措施，调节收入差距，多手段拉动内需、刺激消费，使其已经成为国内经济发展的首要动力。尤其近年来随着互联网消费的快速崛起，各类服务性消费成为国内当前和未来发展的主要力量。城乡居民家庭恩格尔系数不断降低，中高收入阶层人数不断增加，中国消费结构不断升级，新兴服务消费需求日趋增加。这为便民缴费行业所面向的生活服务行业发展提供了巨大动力和机会，对便民缴费行业的发展有重要影响。

从相关行业发展变化情况来看，伴随着第三产业的快速发展，居民服务业呈现加快发展良好势头。金融行业呈现多层次多功能化发展态势，多体系建设逐步完善。第三方支付等新兴模式已经成为近年来金融行业发展的重要动力，金融行业的服务属性愈发明显。互联网行业快速发展，深度变革人类生活方式，将促进便民缴费行业缴费形式和渠道的变革。居民服务行业、金融行业、互联网行业的发展将会对便民缴费行业的发展与变革产生重大影响。

1.2 便民缴费行业相关政策

便民缴费行业与人们的生活契合度不断加深。随着经济的发展，各类缴费需求随着现代消费者的消费需求一同增长，如此庞大的缴费市场和消费者的刚性需求恰好决定了该行业的可持续发展属性。因此，梳理便民缴费行业市场现状、理清行业发展态势显得尤其重要和紧迫。

1.2.1 "十二五"产业政策驱动，服务业飞跃发展

在"十二五"产业政策驱动下，服务业得到快速发展，其中生活服务被重点予以扶持。全面信息化为缴费产业打造了良好的外部基础环境，网络信息安全及法规建设为网络缴费提供了安全保障。

服务业快速发展，生活服务被重点予以扶持

"十二五"期间，中国大力推动服务业的发展，优化产业结构，营造有利于发展服务业的政策环境，不断扩展新领域，发展新动态，推动服务业规模化网络化，进一步增加服务业的整体比重。加快服务产品的研发与服务模式的整体创新，推动服务业加速发展，为便民缴费新服务模式作出了有利的改善。与此同时，金融业和高技术服务业发展也被提出。在服务实体经济中，有序地发展和创新金融产品、服务和组织，进一步地提升金融服务水平，加强金融机构的综合性服务功能，鼓励企业跨界经营，应用网上交易的新型服务业态，研发和发展金融产品、完善服务模式，更好地将各大资源进行融合。

"生活服务"作为"服务业"的重要分支政策予以重点扶持发展。生活服务行业为城乡居民生活提供了丰富的服务类产品，应扩大服务供给，进一步提高服务质量，满足人们生活中多样化需求。鼓励发展家庭服务业，拓宽服务业的企业融资渠道，支持服务业的网络建设，不断优化服务业的发展布局。扩大服务业的整体领域，鼓励将各类资本投向服务业，进一步发展各类所有制，建立统一、有序、开放的平台。这对便民缴费行业整体有积极的促进作用，便民缴费平台是以广大家庭成员用户为中心，建立便捷、快速的缴费体系，结合互联网在人们生活中的广泛使用，将人们的生活缴费更加现代化、科技化，不断深化和优化缴费平台，为居民提供更优质的服务。便民缴费行业企业可以通过联合方式，将支付、服务、代理、收单等业务模块相结合，促进便民缴费平台的建设，为居民日常生活提供更大便利，使生活缴费变得更加简洁化、高效化。

全面信息化为缴费产业打造良好外部基础环境

"十二五"规划提出全面提高信息化水平，加强宽带建设，进一步提高经济社会各个领域全面信息化。重点构建下一代信息基础设施，注重加强新一代移动通信网、互联网以及数字广播电视网的基本设施建设，形成高智能、大容量的国家网络传输干线。在推进城市光纤入户的同时也加快了农村地区宽带建设的步伐,全面提高了网络的普及率,构建宽带、融合、安全的下一代国家信息基础设施,这为今后线上便民缴费提供了良好的外部基础环境。三网互联互通作为全面提升中国信息化水平的一种重要手段,在国家战略层面具有重要位置。将移动通信网、互联网以及数字广播电视网三网互联互通发展,进一步促进了互联网和其他业务的融合。

从便民缴费行业看,三网互联互通为便民缴费平台的发展提供了便利。首先,三网互联互通将客户资源和市场资源进行了整合,提高了线上便民缴费业务的涵盖范围和服务能力。其次,三网互联互通为消费者提供了多样便捷的线上缴费通道,消费者可以在互联网或者电视中进行账单查询和一站式缴纳,服务效率更高。通过将互联网终端系统接入电视机,将缴费平台与广电相关联,实现更为便捷的便民缴费功能。最后,三网互联互通有利于便民缴费相关企业综合利用三网互联互通平台向消费者发布缴费通知和电子账单,鼓励消费者线上缴费和查询,减少市场推广和服务成本,提升企业效益。

网络信息安全及法规建设为网络缴费提供安全保障

"十二五"期间,应加强网络与信息安全保障,完善网络信息安全的相关法律法规,进一步加强网络信息监测,实施信息安全等级保护,推进信息安全基础保密建设,构建信息保密防护系统,加强互联网整体管理,以确保国家网络信息安全。2015年出台了《全国人民代表大会常务委员会关于维护互联网安全的决定》、《中华人民共和国网络安全法(草案)》等法律法规,对互联网行业中的整体信息安全提出更高的要求,针对当前网络信息安全领域可能存在的风险进行了立法监督和提供法律保护,为消费者在互联网平台进行交易提供了保障,也为便民缴费平台中网上安全支付打下坚实基础。通过网络安全建设和互联网法治建设,线上缴费网络信息安全进一步得到保障,更有利于便民缴费平台在市场上的推广,使在线上交易更加放心。

1.2.2 大力发展普惠金融，鼓励各类金融创新

普惠金融纳入国家级战略规划，是创新和完善国家金融市场体系的重要手段。大力发展普惠金融，能够助力金融机构渠道服务创新和能力提升。

普惠金融成国家级战略，有助于创新和完善国家金融市场体系

党的十八届三中全会通过的《中共中央关于全面深化改革若干重大问题的决定》提出了"发展普惠金融，鼓励金融创新"。完善金融市场体系，进一步扩大金融业对内及对外开放业务，进一步推进政策性金融机构改革，建立多层次资本市场体系，进一步丰富金融市场层次及产品。该文件中明确表明发展普惠金融是发展和完善金融市场体系中的重要内容，发展普惠金融对中国的经济结构调整和行业发展方式转型有重大的指导作用，对人民今后生活的变化也有着较大的影响。

2016年1月，国务院印发中国首个发展普惠金融的国家级战略规划《推进普惠金融发展规划（2016—2020年）》，确立了推进普惠金融发展的指导思想、基本原则和发展目标，从普惠金融服务机构、产品创新、基础设施、法律法规和教育宣传等方面提出了一系列政策措施和保障手段，对推进普惠金融实施、加强领导协调、试点示范工程等方面作出了相关安排。发展普惠金融应坚持借鉴国际经验与体现中国特色相结合、政府引导与市场主导相结合、完善基础金融服务与改进重点领域金融服务相结合的指导思想，按照"健全机制、持续发展，机会平等、惠及民生，市场主导、政府引导，防范风险、推进创新"等原则，有效提高金融服务的覆盖率、可得性和满意度，明显增强人民群众对金融服务的获得感，到2020年，要建立与全面建成小康社会相适应的普惠金融服务和保障体系，特别是要让小微企业、农民、城镇低收入人群、贫困人群和残疾人、老年人等及时获取价格合理、便捷安全的金融服务，使中国普惠金融发展居于国际中上游水平。

普惠金融助力金融机构渠道服务创新和服务能力提升

监管鼓励渠道创新的态度对银行进一步提升渠道服务能力是重大利好。监管态度的逐步放开,为银行渠道服务模式创新提供了良好的政策环境,在风险可控的前提之下,对于渠道创新银行将有相对更自由的施展空间。在渠道业态创新层面,发文简政放权,支持社区支行、小微支行建设。这一政策上的支持既鼓励了银行业市场竞争,使银行的渠道服务更加接近客户,实现金融需求的快速响应,又能有效促进银行渠道经营往轻型化转型。在技术层面,鼓励并规范技术创新对金融行业传统模式的革新。随着人脸识别等技术手段的日渐成熟及金融机构风险管理能力的进一步提升,远程开户等方式的开放将成为可能,客户对于物理网点的依赖程度将进一步降低,更有利于金融机构渠道服务效能的提升及更低成本的运营,为便民缴费行业更便捷缴费提供了便利。

1.2.3 互联网金融快速发展,支付方式线上化加速

互联网金融近年快速发展,呈现模式多样化的特点,互联网企业在其中进行了多种金融创新。加上政府从政策层面对行业的鼓励与行政监管力度的加强,更进一步促进了互联网金融的规范发展。随着第三方支付成为便民缴费的关键,行政监管的重点和支付技术及方式的多样化发展,行业的线上缴费效率得以进一步提升。

互联网金融模式多样,互联网企业金融创新不断

互联网金融(ITFIN)是指传统金融机构与互联网企业利用互联网技术和信息通信技术实现资金支付、融通和信息中介服务的新型金融模式。互联网金融不是互联网行业和金融行业的简单结合,而是在支付安全、移动互联网技术水平成熟的基础上,消费者满意进行交易的情况下,产生的全新模式及业务,与传统金融相比,具有便捷度高、成本较低、覆盖范围广、发展极快等特点。在互联网金融发展的过程中,产生各种各样的新业务模式和运行机制。

目前，互联网金融主要有传统金融机构和非金融机构两种重要参与者。传统金融机构主要为传统金融机构在业务中采纳最新的互联网技术，如通过微信、APP软件、网页等提供服务；非金融机构则主要是指互联网公司利用最新技术进行金融运作，如电子商务企业的小额消费贷款业务、网络借贷平台的P2P业务、网络投资平台的众筹业务等。最近快速发展的互联网金融业务开展比较成功的多为非金融机构，且多数为互联企业，如京东推出的"京东白条"、各种支付公司的"宝宝型"货币基金、互联网个人消费贷款及众筹等，均进行了金融创新并且取得了比较大的影响力。

政策鼓励与行政监管促进互联网金融规范发展

2015年，《关于促进互联网金融健康发展的指导意见》由人民银行会同十部委联合发布，标志着互联网金融正式纳入国家战略。按照"依法监管、适度监管、分类监管、协同监管、创新监管"的原则，政策支持互联网企业依法合规设立相关企业，明确了互联网支付、网络借贷、股权众筹融资、互联网基金销售、互联网保险、互联网信托和互联网消费金融等互联网金融主要业态的监管职责分工，落实了监管责任，明确了业务边界。互联网与金融深度融合是大势所趋，将对互联网金融产品、业务、组织和服务等方面产生更加深刻的影响。促进互联网金融健康发展，有利于提升金融服务质量和效率，深化金融改革，促进金融创新发展，扩大金融业对内对外开放，构建服务实体经济的多层次金融服务体系，更好地满足小微企业和个人投融资需求，进一步拓展普惠金融的广度和深度。互联网支付与居民生活息息相关，《关于促进互联网金融健康发展的指导意见》也明确了互联网支付公司应该坚持服务电子商务发展和为社会提供小额、快捷、便民小微支付服务的宗旨。第三方支付机构与其他机构开展合作的，应清晰界定各方的权利义务关系，建立有效的风险隔离机制和客户权益保障机制。

第三方支付是便民缴费关键，已成为行政监管的重点

支付是一切互联网金融业务的基础，通过支付可以实现整个业务的闭环管理，因此第三方支付已经成为互联网金融的重点。目前国内互联网金融第三方支付平台的代表是支付宝与微信，第三方支付平台充分利用其庞大的客户资源，并且凭借平台的支付、转账和缴费等相关功能，能够快速服务大量消费者，最终形成了规模化的线上支付平台。正是由于该类线上支付平台依托强大的、快速的平台反应能力以及快捷支付的终端服务能力，所以才能高效地完成市场布局，使广大的消费者能够在自己的移动终端上快速完成缴费，加速了第三方支付在消费者日常生活中的渗透速度。

目前，非银行支付机构的第三方支付业务，已经发展成为拥有亿级客户规模、10万亿级交易规模的市场。但是市场规模的快速扩大，网络支付过程中客户身份机制不够完善，支付账户产生了大量的资金沉淀，为资金的流动性管理增加了难度和风险。如果消费者资金出现问题或者在消费过程中发现问题，存在维权难和资金安全缺乏保障等问题。为了有效地规范网络支付业务和防范相关的支付风险，保护客户在支付过程中的合法权益，同时促进支付服务创新和支付市场健康发展，进一步发挥网络支付对互联网金融的基础作用，2015年12月人民银行发布了《非银行支付机构网络支付业务管理办法》，对互联网企业的第三方支付作了明确的支付限额、认证要求等，对消费账户进行了限额和对综合理财账户进行了限制。管理办法要根据支付机构的分类评级和账户实名制情况进行管理，对支付机构按安全级别和运营规范程度实施差别化管理，采用扶持优秀企业、限制淘汰差劣企业的机制措施，引导和推动第三方支付机构规范经营。

支付技术及方式多样化提高线上缴费效率

随着互联网金融政策的扶持、支付技术的快速发展以及金融IC卡的普及，带动中国的支付行业也进入了飞速发展的时期，可供人们选择的支付渠道也更加多样化，网络支付、移动支付、扫码支付、NFC支付、电话支付等许多新型的支付方式悄然产生并且进入了高速发展的时期，不同的支付方式带给了人们更多的新鲜体验。支付服务作为普惠金融的重要内容之一，创新支付也进一步推动了普惠金融事业的顺利发展，各类便民缴费的产品也得到了推出和发展。云计算的使用，进一步提升了资源利用率，实现了快速缴费，在降低整体成本、保证缴费安全及可靠性的同时，进一步促使互联网金融业务得到了更好更快发展，使一切缴费业务更加简洁，为广大人民减少了缴费成本，增加了缴费效率，使人民生活更加便利，更加丰富多样。

在大数据的时代下，利用人们交易数据的历史，建设专业化的风险控制系统，利用新型技术和手段对线上及线下交易进行探索，为客户资金提供最有力的保障。利用电子渠道对所有交易实施全面监测、利用数据挖掘对信息作进一步分析，得出风险评估结果，将评估结果与客服系统相结合，对高风险交易实行全面把控，必要时实行实时干预。缴费平台将网上银行、手机银行、电子支付等多种渠道均计入电子交易的风险监测平台，将交易历史数据作统一分析，为风险评估分析提供全面、准确的有力支撑。在风险控制得到保障的前提下，为人们提供良好的用户体验，切实保障人们的利益，为人们提供更加方便、快捷的生活缴费选择。

总之，在"十二五"产业政策驱动下，我国服务业快速发展，惠普金融助力金融行业创新性发展，助推互联网金融多样化发展。在服务业发展过程中，国家政策支持全面信息化缴费产业发展，并打造了良好的外部基础环境，同时从互联网层面将信息安全与法规建设作为网络缴费的安全保障。再加上惠普金融被提升为国家战略，有效地助力于创新和完善国家金融市场体系建设，为便民缴费行业的缴费渠道建设提供便利。在政策扶持下，互联网金融快速发展、模式多样，互联网企业金融创新能力不断提升，互联网金融体系正逐渐在政策引导下走向规范化。伴随着互联网金融企业及互联网生活服务企业的快速崛起，金融创新的不断发展与多样化变革，互联网生活方式将加快渗进百姓生活的方方面面，同时进一步推动缴费行业的线上化缴费效率及服务质量。

1.3 便民缴费行业基本情况

1.3.1 便民缴费行业定义

便民缴费顾名思义就是通过合理的方式，便利地满足民众的缴费需求，以最短时间和最高效率完成缴费过程。便民缴费行业是基于新经济发展态势之下的新型产业，伴随着社会经济发展水平的不断提升和互联网生活化的普及，人们对生活类支出的需求出现了上升，主要表现在缴费方面，目前国内缴费行业主要业务为公交卡充值、手机充值、加油卡充值、游戏充值、固话宽带费缴纳、有线电视费缴纳、水电气缴费、交通罚款等，这些业务的费用缴纳需要耗费大量时间。但是当今社会生活节奏加快，越来越多的人无法及时完成所有缴费，尤其是家庭类缴费经常忘记缴费等问题。基于这样的行业背景，便民缴费行业开始逐步发展，并伴随着人们服务需求的增加而发展成一定的行业规模。

1.3.2 便民缴费行业经济特性

对于便民缴费行业，从不同的角度来看有着不同的说法。从实体服务角度来看，在各个社区人口聚集地区设立大量的便民缴费网点，从各区域和网点覆盖上实现便民缴费。从互联网经济服务角度来看，建立网络交易平台，搭建第三方支付体系，将各种缴费与平台关联，实现线上自主缴费覆盖。可见，便民缴费的核心就是通过最便捷的手段满足客户的缴费需求。分析便民缴费行业经济的特性，主要有以下几点。

需求具刚性，生活强依赖

缴费与我们的生活息息相关，不论是衣食住行还是社交，都会涉及日常的各类缴费，包括家庭生活必需的电费、水费、天然气费和物业费等，社交的手机话费、网络费，出行和教育的 ETC 收费、加油卡、教育考试费等。缴费的重要性和必要性不言而喻,随着经济的发展,对高品质生活的追求越来越普遍,相应地,支持高品质生活的各类缴费业务的需求度也在不断上升。例如,近几年,各种家用电器、智能设备、新型电子产品等进入普通居民家庭,相关电费和宽带网络费用支出也相应有所增加。对于传统的缴费业务,由于都是居民日常生活的必需消费,无论价格高低与否,消费者都需要使用和按时缴费,需求具有明显的刚性特征。随着居民可支配收入的增加,物质生活的消费能力不断提升,像ETC收费和加油卡缴费等新兴的缴费业务也在不断出来,这些新出现的缴费项目大部分也具有生活依赖性。

客群覆盖率广,市场机会明显

缴费作为一般家庭生活的必要支出项,具有客群覆盖率广的特征。目前中国的便民缴费行业主要的缴费形式为物理网点线下缴费,如图1-18所示,2015年中国线下缴费金额为1.64万亿元,而线上缴费金额为1.35万亿元,线下缴费规模仍然高于线上缴费规模,但是差距已经不再明显。从表1-1各类型家庭缴费业务占比数据分析中可以看出,中国目前主要的缴费业务需求已经涵盖各种结构类型的家庭,各种家庭类型客群覆盖也相对较为均衡,均为缴费行业的目标客群。便民缴费在国内市场以家庭式缴费需求为主,且涵盖范围广,各种类型的家庭结构都存在缴费需求,尤其以一般性家庭生活支出(如水、电等费用)需求为主,因此便民缴费行业的客群覆盖率广。

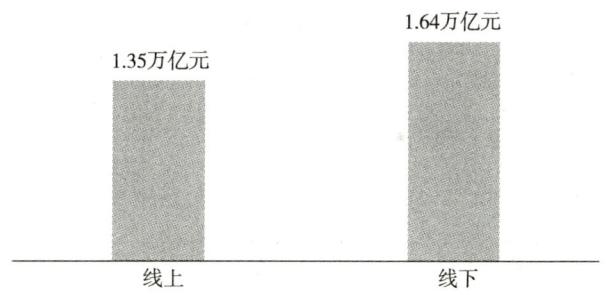

资料来源:2016年《中国便民缴费产业白皮书》调研。

图1-18 2015年中国线上线下缴费金额

表1-1　　　　　　　各类型家庭缴费业务占比　　　　　　　单位：%

	单身，独居	单身，合租	单身，与父母同住	夫妻二人（含准夫妻）	夫妻二人，有0~6岁小孩	夫妻二人，有7~18岁小孩	夫妻二人，有18岁以上孩子	三代（四代或五代）同堂	其他，请注明
水费	12.0	12.1	11.2	11.6	10.7	10.8	11.7	11.2	10.8
电费	12.5	13.1	12.2	12.1	11.0	11.3	12.1	11.6	12.5
煤气/天然气费	8.0	6.6	8.4	9.6	9.5	9.6	9.6	9.1	6.8
供暖费/电暖费	3.4	3.0	3.2	4.4	4.5	4.8	5.8	3.4	2.8
有线电视费	7.4	5.3	8.6	8.6	9.0	9.8	9.5	9.2	6.1
网络宽带费	11.9	12.5	11.8	11.1	10.7	10.2	10.3	11.0	12.9
固定电话费	3.8	3.9	3.7	2.7	2.1	2.3	4.0	3.0	4.5
手机话费	14.2	15.5	13.3	12.2	11.2	11.1	12.0	11.8	16.2
公交卡充值	8.8	9.9	7.8	7.4	6.7	5.8	6.3	6.8	9.4
加油卡	0.8	0.3	1.3	1.6	2.6	2.5	1.3	2.1	0.7
交通罚款	1.8	1.2	2.6	3.7	5.3	5.2	3.1	4.8	0.9
物业费	7.7	6.6	8.0	9.3	9.3	9.6	9.4	8.7	4.9
以上均未接触过	0	0	0	0	0	0	0	0	0

资料来源：2016年《中国便民缴费产业白皮书》调研。

目前，国内市场上常用缴费渠道采用线下物理网点自主缴费的方式完成缴费，对于多数年轻人来说，工作比较繁忙，容易忘记缴费，导致时常出现拖欠缴纳滞纳金或者相关业务和产品无法正常使用的问题。同时生活节奏加快，受到工作时间限制，没有时间在物理缴费网点营业时间完成缴费，或者由于流程复杂等原因，无法及时完成缴费的情况也大量存在。这些问题都是目前线下缴费存在的问题，不少消费者都在抱怨缴费难。所以真正实现便民缴费，还需要考虑大众的缴费需求和业务覆盖率，能够让消费者在最短时间内用最方便的途径完成缴费，应成为缴费行业发展的目标。而在目前提供线上化缴费服务的市场参与主体中，仅光大银行云缴费在覆盖范围及开放性方面形成了竞争优势，其余参与者在覆盖范围、运营质量与开放性等方面，发展情况参差不齐。一方面是广阔的市场空间和庞大的客户群体；另一方面是目前缴费平台建设的相对滞后，未来可以建设和发展的市场机会明显。

业务垄断性强，用户黏性高

相比于其他行业，便民缴费行业具有一定垄断性，行业外机构比较难以进入市场内参与竞争，也导致了服务相对滞后。缴费业务涉及了人们生活的方方面面，各种生活类缴费业务逐渐成为生活必要性支出，而业务本身的产品特殊性又决定了其自身的市场垄断性。其中水、电、燃气、通信、宽带费等都具有该种特性，消费者在使用和选择上缺乏灵活的自主选择性。例如，中国电力资源分为国家电网与南方电网，其中南方电网主要管理广东、广西、云南、贵州和海南五省（区），其他国内省份均由国家电网管理。受电力供应的限制，消费者在选择电力供应时必须根据自身所在地受辖区域的电力公司的影响；燃气资源的使用受到地区和能源公司的限制，用户在燃气供应商的选择上受到所住区域燃气供应约束力较强等。

在以往的行业变革当中，行业内缺乏改革动力，导致在实践过程中困难重重。伴随着便民缴费行业的发展，将生活类缴费业务基于平台进行整合，从产品供应商和服务商角度来看，首先解决了由于网点少导致消费者缴费难的问题；其次为产品供应商和服务商节约了大量的人力、物力和财力，并且最大程度上扩大了产品销售渠道和自身产业的辐射范围。从消费者角度来看，便民缴费行业将多种缴费业务基于互联网体系进行整合，消费者不用再拿着缴费卡和单据到处找缴费网点，有效地节约了消费者的时间和人力消耗。

　　总之，便民缴费的客群覆盖率广，市场机会明显。加之需求具有刚性，生活强依赖，决定了缴费频度相对固定和缴费黏性高，便民缴费平台可以通过缴费留住客户，为开展其他金融服务或者线下消费场景的接入提供了便利。越来越多的互联网APP及门户网站引入便民缴费业务的一个重要原因就是希望通过此项业务黏住客户，并给其他业务带来流量。便民缴费行业业务垄断性强，通过便民缴费行业的发展，不断新增的缴纳方式和渠道，可以有效地提升消费者的消费体验。

第2章
中国便民缴费行业发展状况分析

便民缴费行业与居民日常生活密切相关，伴随着社会快速发展和互联网技术普及应用，便民缴费服务行业得到了极大的发展。那么，中国便民缴费行业在发展中各业务和领域有哪些值得关注的洞察点？便民缴费行业在缴费渠道和方式上呈现怎样的特征和趋势？便民缴费行业各细分业务的市场规模、人群规模如何？以下将通过对2015年缴费市场的调研与研究，展开详细分析，以期大体描摹出中国便民缴费行业的概貌。

2.1 2015年中国便民缴费行业发展洞察

2015年，中国便民缴费行业市场规模稳步增长，便民缴费产业总体发展态势良好，相比2014年，整体增长8.73%。便民缴费产业比重上升，占比达到全国GDP的4.42%。其中线上规模增速较快，达到2015年全年的45.21%，在业务种类方面，便民缴费行业中与居民生活相关的基础类缴费业务有10种以上。因此，国内缴费行业发展前景十分广阔。

2.1.1 全国规模稳中有增，线下方式线上化

2015年，中国生活缴费行业中水费、电费、煤气/天然气、供暖

费/电暖费、有线电视费、网络宽带费、固定电话费、手机话费、公交卡充值、交通罚款 10 项业务的市场规模达到 2.99 万亿元，较上年同比增长 8.73%。其中线上规模由 2014 年的 1.18 万亿元上涨至 2015 年的 1.35 万亿元，上涨了 0.17 万亿元。线下规模也呈现略微增长趋势，上涨 0.7 万亿元。便民缴费产业占全年 GDP 的比例由 4.32% 增至 4.42%。值得关注的是，行业增长速度超过 GDP 增速，整体上体现生活缴费行业的良好发展态势。2015 年中国 GDP 增幅为 6.9%，全年第三产业增加值占国内生产总值的比重达到 50.5%，便民缴费行业作为第三产业的分支行业未来仍有较大发展空间。伴随着供给侧改革等扩大内需的政策深化，中国经济转型已经取得了初步进展，消费潜力正在激发并加快释放，作为宏观经济增长"三驾马车"之一的消费，日益显示出其对宏观经济增长的推动作用。缴费作为家庭的必要生活性支出，宏观层面的发展态势成为便民缴费行业发展的内生动力。

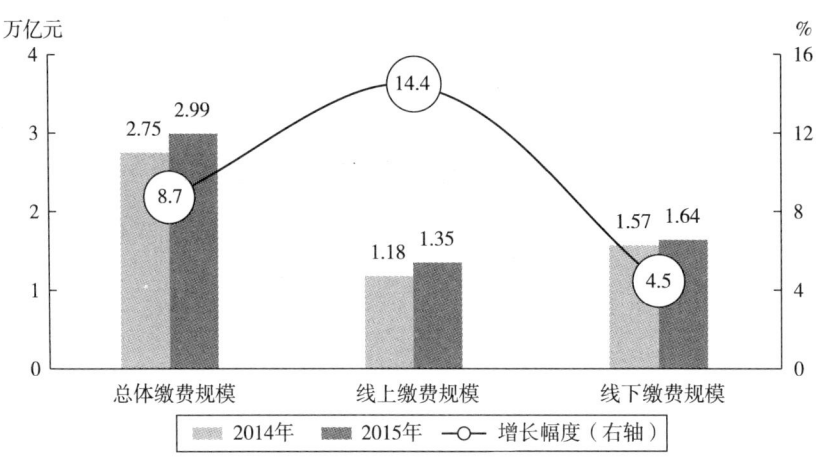

资料来源：2016 年《中国便民缴费产业白皮书》调研。

图 2-1 中国便民缴费行业 2014—2015 年总体市场规模及变化

另外，线上缴费增速高于行业整体和线下增速，发展势头强劲，消费者缴费习惯呈现线下方式线上化趋势。互联网和移动通信技术的发展改变了现有缴费格局。截至 2016 年 6 月，中国网民规模达 7.1 亿人，互联网普及率达到 51.7%，超半数中国人已接入互联网。网民的上网设备正在向手机端集中，手机成为拉动网民规模增长的主要因素。截至 2015 年末，中国手机网民规模达 6.56 亿人，有 92.5% 的网民通过手机上网，仅通过手机上网的网民占比达到 24.5%。目前，传统行业正在以裂变的速度接受着新一轮互联网浪潮的冲击，同时，随着固网带宽的不断扩容，3G、4G 的持续发展，互联网与移动通信逐步融合，移动互联带来的影响已渗透到生活日常，改变着人们的生活方式和经济行为。在互联网+的大势下，原有的线下缴费和线上缴费格局发生了新的改变。近年来，便民缴费的线上化发展体系不断优化，将涉及居民生活传统意义上的小事、难事、琐事进行资源整合，利用互联网技术进行创新性发展，便捷居民快速缴费。

目前，通过手机 APP 就可以提供大部分便民缴费金融服务，其中包括水、电、天然气、加油卡、通信缴费等 300 多项常见缴费服务。在国内，信用卡分期的消费者也逐渐增多，在分期支付的基础上，结合快捷支付的方式，很多缴费平台进一步推出快捷分期产品，使消费便捷化，充分发挥普惠金融的特点。便民支付平台与便民缴费平台可以相互依托，便民支付充分利用银行或第三方支付平台的优势使消费者的交易安全性提高。对于商户而言，可以更加高效地进行结算、对账等多种金融业务。许多行业的应用也可加载，如公交票、停车费等均可以快速完成，更进一步便捷和丰富人们的生活。线上缴费模式的快速引入，极大地促进了便民缴费平台的发展，通过"开放、合作、共赢"的理念，充分运用互联网思维和技术，才能把公共事业缴费端的支付结算做到位。随着互联网金融发展日益加速，在第三方支付大发展的背景下，政策鼓励搭建各类便捷性以及高效性为一体的金融平台开展普惠金融业务，使线上支付有更多选择，传统的线下缴费方式面临严峻形势。目前，国内已经有较多便民缴费平台，如光大银行"云缴费"，该平台已提供 500 多项缴费业务服务，覆盖中国 29 个省份，270 个核心城市，普及人群数量已达 3 亿多人。

2.1.2 各业务阶梯发展，交罚固话逆势下行

2015 年便民缴费行业各项业务中，市场规模最大的前 5 项业务为手机话费、电费、网络宽带费、公交卡充值和煤气/天然气费，其中，公交卡充值业务市场规模增长最快，达到 25.24%。手机话费俨然成为中国缴费业务市场规模最大的业务，2015 年市场规模就已达 0.96 万亿元，市场规模增幅为 10.29%。电费市场规模稳居全国第二，2015 年市场规模达 0.58 万亿元，增幅为 5.58%。而交通罚款和固定电话费市场规模有所萎缩，如图 2-2 所示，2015 年固定电话费市场规模为 0.06 万亿元，整体增幅下降 6.47%。交通罚款市场规模为 0.08 万亿元，市场规模增幅下降 4.56%。固定电话费市场规模下降的主要原因是受到中国手机市场的快速发展影响。全球市场研究机构 TrendForce 最新报告显示，2015 年全球智能手机出货量超过 12.9 亿部，年增长 10.3%，其中来自中国地区的手机品牌合计出货量超过 5.3 亿部，占全球比

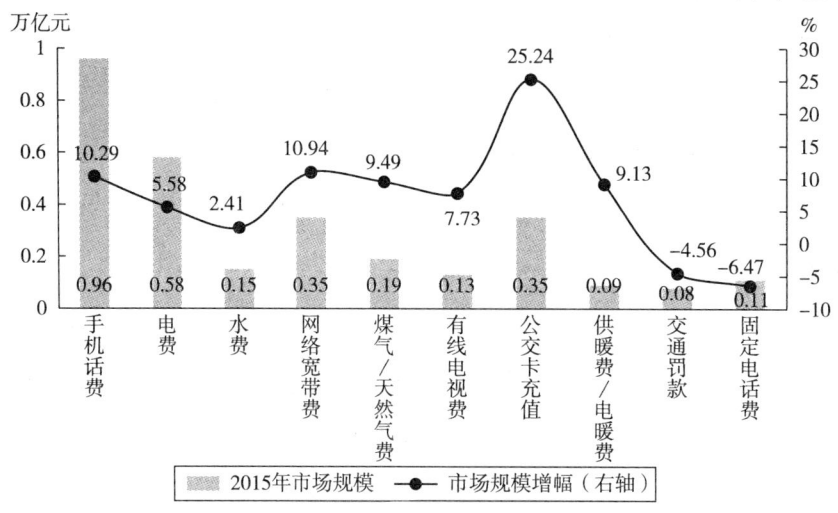

资料来源：2016 年《中国便民缴费产业白皮书》调研。

图 2-2 2015 年中国各业务市场规模及变化

重超过四成，并囊括全球前十大手机品牌中的七个席次。中国市场上的移动电话数量快速增长，固话的市场规模受到较大挤压，所以导致固定电话费市场规模降幅较大，反观手机话费市场规模增幅明显。

2015年便民缴费行业各项业务中，使用人群规模最大的前5项业务为手机话费、公交卡充值、电费、网络宽带费和煤气/天然气费，其中交通罚款的人群规模增长最快，达到25.76%。网络宽带费的人群规模增长达到16.4%，增速排名第二。固定电话费人群规模有所萎缩，同比2014年下滑10.5%。人群规模是指使用这一业务群体的人数多少，可看到与市场规模排序略有一些差异，但整体趋势两者保持一致。

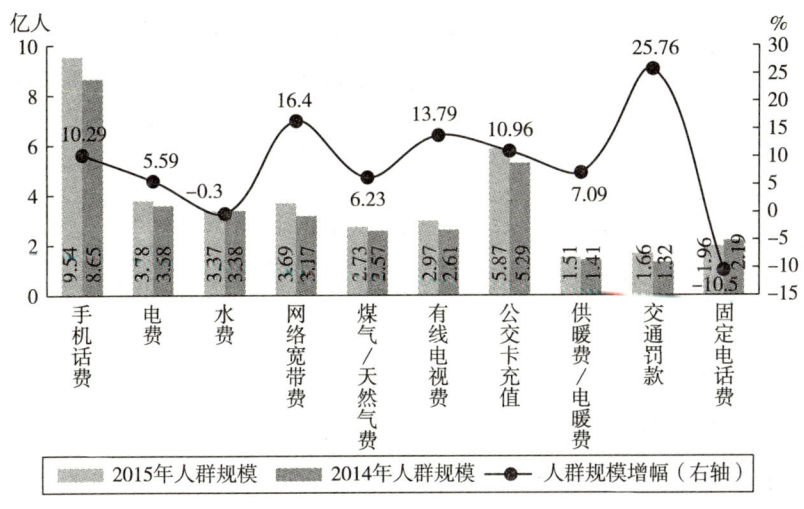

资料来源：2016年《中国便民缴费产业白皮书》调研。

图2-3 2015年中国各业务人群规模及变化

根据市场规模增长率的不同，各项业务整体呈现为三大发展梯队，第一梯队迎着政策红利"顺势而上"，年增速突破10个百分点，其中公交卡充值、网络宽带费及手机话费增速加快。第二梯队主要关联生活必需品，"刚需如故"稳步增长，增速保持在10个百分点以内。第三梯队在政策导向及时代变迁的趋势下"势不可为",2015年市场规模缩水。在三大梯队中充分体现出了生活缴费行业对宏观经济和政策的敏感度和响应度。

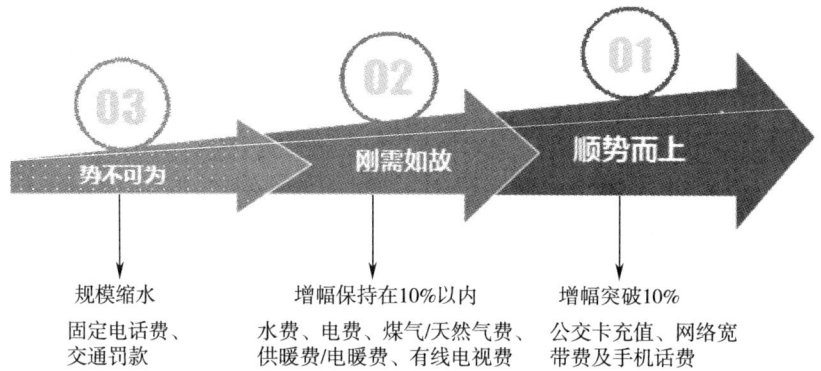

资料来源:2016年《中国便民缴费产业白皮书》调研。

图2-4 各项业务发展梯队

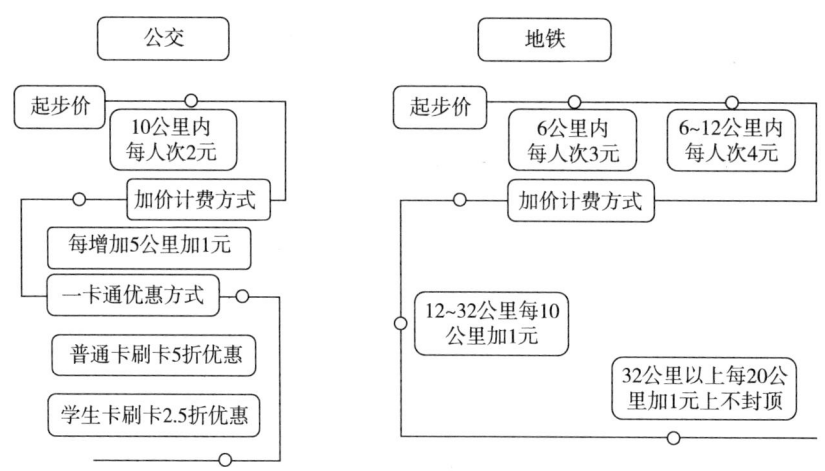

图2-5 北京市地铁公交价位调整

第一梯队迎着政策红利"顺势而上",年增速突破10个百分点。其中主要包括公交卡充值、网络宽带费及手机话费,三项业务在用户规模和总体市场规模均呈现快速增长的趋势。随着中国城市公路网规模的不断扩大,单一票价不合理的问题日益凸显，其中最显著的问题是公共交通运营以及财政补贴"负担"的与日俱增。基于此，2014 年 12 月起，北京市公交车起步价 10 公里内为每人次 2 元，以后每增加 5 公里加价 1 元，地铁起步 6 公里内每人次 3 元,6～12 公里每人次 4 元，12～32 公里每 10 公里加 1 元，32 公里以上每 20 公里加 1 元，票价上不封顶。此举每年减轻财政负担 100 多亿元。与此同时，中国各大城市相继开展公交票制改革，这一做法，或已成中国各大城市的主流趋势，促使财政对公交补贴的减少部分转移给消费者。公交票制改革直接促使公交票价普遍上涨，已然成为促进公交卡充值行业迅猛发展的重要原因。

在固网宽带不断扩容，3G、4G 网络高速发展的浪潮下，网络宽带费和手机话费业务作为互联网时代的受益者，站在风口上跨步向前。工信部数据显示，2015 年，互联网宽带接入端口数量达到 4.7 亿个，同比增长 18.3%；截至 2015 年末，移动电话用户总数 13.06 亿户，同比增长 3.9%，两项业务的用户基数快速增长。另外，由于 3G 网络普及、4G 牌照发放等因素，4G 用户在移动电话用户中的渗透率扩大，同时，伴随着智能移动终端的普及，中国 2015 年智能手机保有量已由 2014 年的 4.2 亿台增长至 4.5 亿台，单体用户需求的延展及消费金额的提升刺激了市场规模的体量变化。

第二梯队主要关联生活必需品，"刚需如故"稳步增长，增速保持在 10 个百分点以内。中国有 13 多亿人口，便民缴费作为每个家庭的日常所需，与每个人的生活密不可分，与家庭日常生活息息相关，尤其是水、电、煤气/天然气、供暖/电暖、有线电视作为居民的生活必需品，与线下缴费点相比，线上缴费使缴费服务更加高效化、便捷化，人们可以足不出户实现生活费用的缴纳，不受时间约束，可 24 小时缴费，避免来回路途奔波，并且操作流程简单，可以利用以银行和第三方支付平台为后盾的网络优势，跨地区进行缴费，随时查询网上缴费的明细状况，减少缴费双方的工作量，缩短了缴费时间，使快速化缴费得以实现。在家庭因为忘记缴费而发生断水、停电时，可以进行快速补救性缴费,为供暖、有线电视等方面提供了更快更简洁的缴费方式。因此在生活缴费方面,用户人群规模和整体市场规模均稳中有增,水费缴费增加2.41%,电费及有线电视费缴费分别增加5.58%和7.73%,供暖费和燃气费缴费均提升了9.49%,增长速度最快。因此这5项生活缴费位列第二梯队,增幅保持在10%以内(见图2-6)。

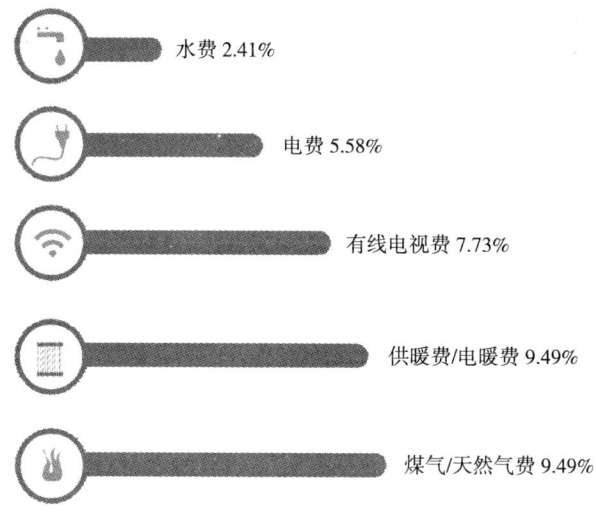

资料来源:2016年《中国便民缴费产业白皮书》调研。

图2-6 基础生活必需品增幅

第三梯队在政策导向及时代变迁的趋势下"势不可为",2015年市场规模缩水,主要为固定电话费和交通罚款。在互联网的发展过程中,中国网民的数量呈现快速增长的趋势,而其中最主要的上网设备为手机。由于智能手机的实用性和便携性等多种优势,与当下人们的需求相融合,使人们可以充分合理地利用碎片化时间,在工作之余进行缴费和娱乐。2015年底,中国手机网民的总人数为6.2亿人,相比2014年12月增加6303万人,其中手机网民覆盖率由2014年的85.5%增加到90.1%,2016年6月中国手机网民人数进一步达到6.56亿人,手机网民覆盖率进一步提升到92.5%。在互联网大潮的冲击下,中国固定电话年末用户数持续下降，2015年末总体数量为2.31亿户，比上年末减少8%。本调研数据测算，2015年固定电话市场规模较上年下降了6.47%。固定电话使用人群的减少，促使中国固定电话费缴费市场规模不断缩小。

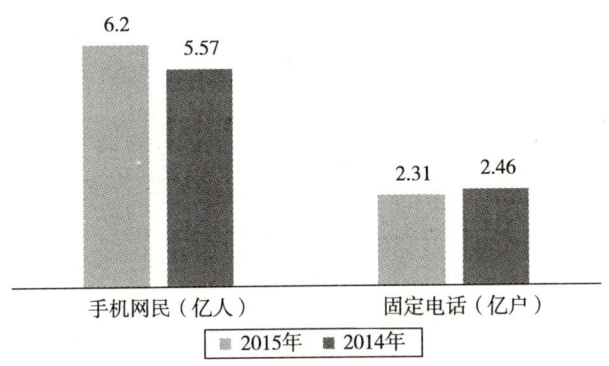

资料来源：国家统计局。

图2-7 2014—2015年手机网民和固定电话规模变化

2015年缴纳交通罚款的车主增多，但是整体市场规模却有一定程度的下降。缴纳交通罚款车主人群规模的增加与汽车保有量基数的增长，以及公路总里程数的增加存在正相关关系。但是随着愈发严格的新交规出台，人们对交通制度的认知率和执行率提升，严厉的交规同时帮助人们在市场环境中作为个体明确理性驾驶的激励方向，人们安全意识的提高，以及自我约束力的不断加强，降低了单体驾驶者的违规频率和违规程度。

2.1.3 线上化比例普涨，移动端缴费提升迅猛

金融业务的快速发展以及互联网逐步对各个行业产生影响的背景下，许多居民开始通过银行电子渠道、官方缴费网址及第三方的互联网支付平台等多种渠道进行生活缴费。2014年，数据显示有60.15%的人群会选择线下缴费，有

39.85%的人群会选择通过线上缴费方式缴纳各种生活缴费业务。首先线上缴费仍以PC端为主,占27.38%,其次为移动端,占比8.33%,电话及短信分别占比2.7%和1.87%。线下缴费方式的重点为物理网点缴费,占41.29%,银行代扣也占据一定的位置,占比为10.63%,也有6.14%的人选择使用银行自助终端,仅有2.09%的人选择迷你便民终端。由此可见,2014年虽然线上缴费得到一定发展,但是人们对于物理网点和PC端缴费方式使用得更加频繁,整体认可度较高。

2015年,随着生活方式的改变以及互联网金融的进一步快速发展,中国人群对于缴费方式的选择方式占比出现了进一步变化。其中选择线上缴费的人数进一步提升,总体达到41.99%,选择线下缴费方式的人群有所降低,占比为58.01%(见图2-8)。其中由于受到第三方支付和网络综合缴费平台的市场分流影响,线下缴费中的物理网点缴费,由2014年的41.29%下滑为32.17%。虽然与2014年相比有所下降,但其线下缴费的主力位置仍未撼动。总体而言,线下缴费依然是目前的主要方式,比例高达58.01%,作为传统行业,便民缴费的"生产方式"似乎有那么一点适应不了"生产力"的速度、略滞后于消费者需求。

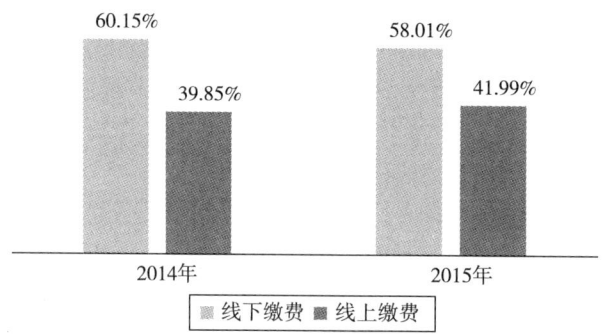

资料来源:2016年《中国便民缴费产业白皮书》调研。

图2-8 2014—2015年缴费方式占比变化

2015年，受到国内各大银行业务逐渐向服务型转型的影响，银行自助缴费终端同比有所上升，占据了14.67%的比重，增长较快（见图2-9）。迷你便民终端占有率为4.18%，虽然有所增长，但是仍然处于较低位置，作为主流缴费方式的补充。2015年线上缴费中的移动端缴费出现了快速增长的趋势，达到23.45%，占据了线上缴费的半壁江山，是线上缴费中最大的潜力股，PC端的占比则出现了下降趋势，占比下滑为15.88%，电话与短信两大缴费方式均出现了下滑，占比分别为1.46%和1.19%。总体来看，2015年移动端缴费与银行自助缴费代表着移动化和自动化，代表着未来的发展方向。

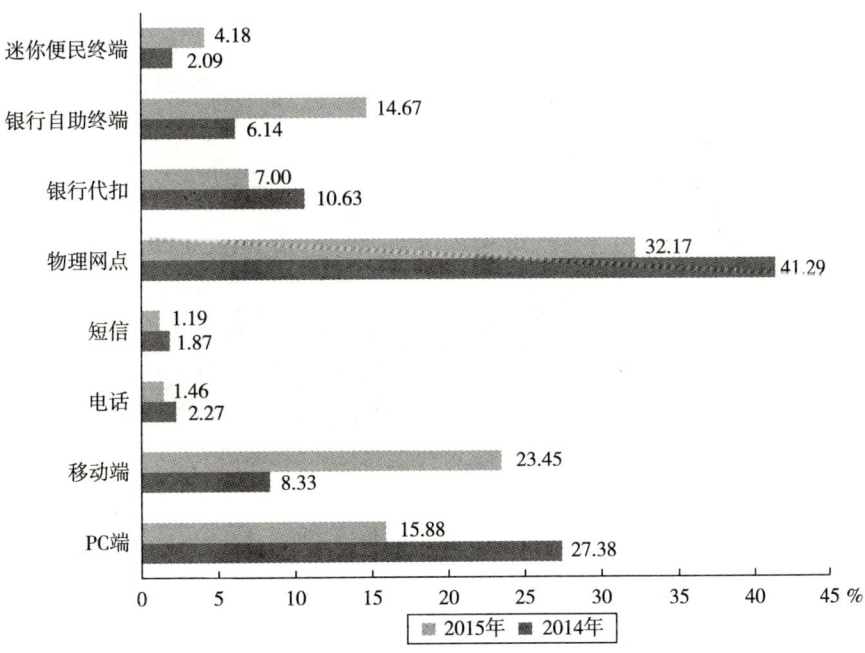

资料来源：2016年《中国便民缴费产业白皮书》调研。

图2-9 2014—2015年缴费方式变化

2.1.4 华东规模领跑，中部、西南部增速最快，华南线上率最高

从便民缴费行业市场规模角度来看，华东地区市场规模位居全国首位，达到 0.89 万亿元。中部地区虽位列全国市场规模第二名，但是与华东地区市场规模差距较大，相差 0.43 亿元。究其原因可以发现，华东地区位于中国东部沿海地区，覆盖区域较大、经济发展水平相对较高、人口密度大，对便民缴费行业的业务需求量明显高于其他地区。相比之下，中部和西南地区市场规模相对较小，首先是因为中部和西南地区经济发展水平相对较低，人均可支配收入低于东部地区；其次是因为中部和西南地区人口相对较少，尤其外来人口较少，从而导致在便民缴费业务使用量方面低于东部地区。

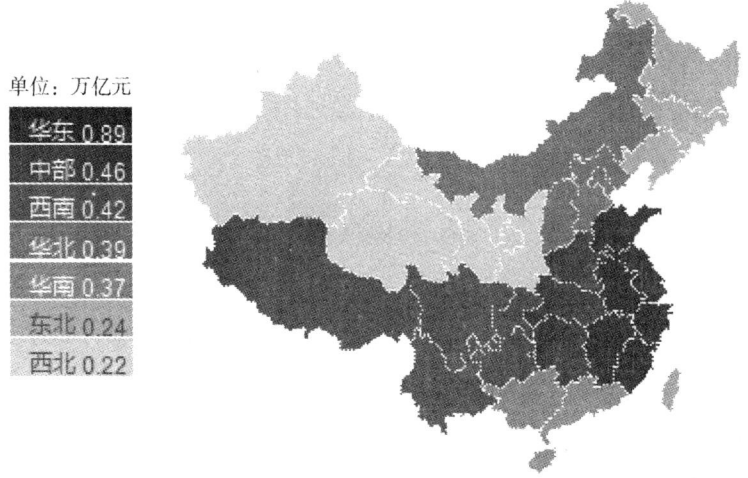

资料来源：2016 年《中国便民缴费产业白皮书》调研。

图 2-10　各区域市场规模

从国内各区域市场规模增长幅度方面来看，中国中部地区便民缴费行业市场规模增长速度最快，增幅为 21.31%。主要原因是由于中部地区东部邻近华东地区，华东地区人口众多，经济发展水平较高，发展辐射到中部地区。其次受到国家中西部发展战略影响，经济中心逐步向中西部地区转移，所以导致中部地区

增长幅度最大。西南地区市场规模增长速度加快，占比 15.92%，近年来国家西部大开发战略的实施，把东部沿海地区的剩余经济发展能力向西南部地区转移，用于提高西南地区的经济和社会发展水平。经过近几年的发展，已经初见成效，因此才会出现中部和西南地区便民缴费行业市场规模增速较快。

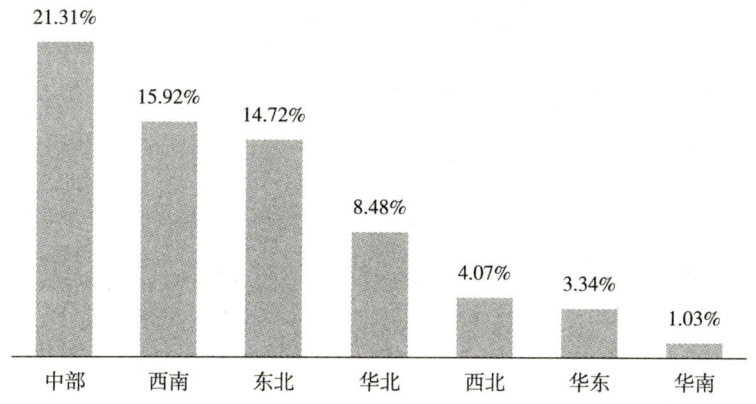

资料来源：2016 年《中国便民缴费产业白皮书》调研。

图 2-11　各区域市场规模增幅

就线上缴费市场占比而言，华南地区高居榜首，线上规模所占比例高达 45.73%，然而，与上年同期相比，华东地区线上比例却下降了近 2.5 个百分点，而其他区域线上比例均有不同程度的增长；区分各业务种类来看，除了供暖费，华东地区在其他项缴费业务上均具有最大市场规模。另外，西北和东北地区的手机话费市场规模最小；而除了华北、东北和西北地区，华东和中部地区城市的供暖市场也已初具规模（见表 2-1）。

表 2-1　　　　　　　　各区域业务市场规模　　　　　　单位：万亿元

区域	华北	东北	华东	华南	西北	中部	西南
手机话费	0.12	0.07	0.29	0.12	0.07	0.16	0.14
电费	0.07	0.04	0.18	0.07	0.04	0.09	0.08
水费	0.02	0.01	0.05	0.02	0.01	0.02	0.02
网络宽带费	0.05	0.03	0.10	0.04	0.03	0.05	0.05

续表

区域	华北	东北	华东	华南	西北	中部	西南
煤气/天然气费	0.02	0.01	0.05	0.02	0.01	0.03	0.03
有线电视费	0.02	0.01	0.04	0.01	0.01	0.02	0.02
公交卡充值	0.05	0.02	0.11	0.05	0.02	0.05	0.05
供暖费/电暖费	0.03	0.02	0.01	0.00	0.01	0.01	0.00
交通罚款	0.01	0.01	0.01	0.01	0.01	0.01	0.01
固定电话费	0.01	0.01	0.04	0.02	0.01	0.02	0.02

资料来源：2016年《中国便民缴费产业白皮书》调研。

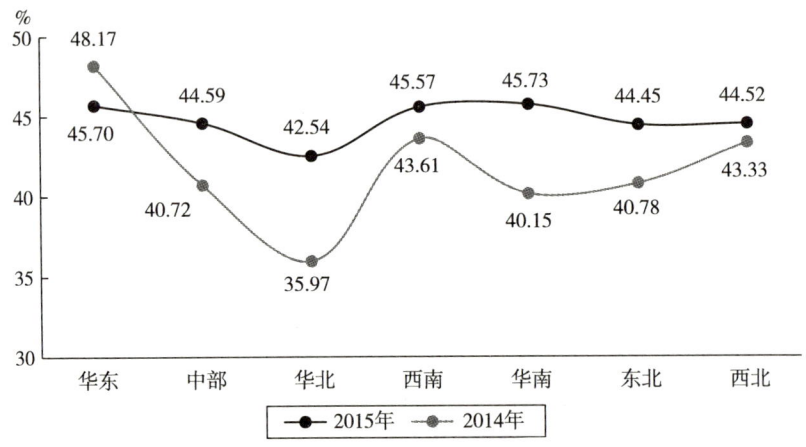

资料来源：2016年《中国便民缴费产业白皮书》调研。

图 2-12 区域线上规模占比变化

2.1.5 缴费方式呈线上化、移动化、自助化趋势

随着便民缴费行业的快速发展，缴费方式线上化已经成为行业未来发展的主要趋势。但是就目前而言，线下缴费依然是行业内的主要缴费方式，比例为58.01%。这主要是由于很多便民缴费业务现有的缴费方式仍只提供线下渠道，无法适应快速发展的社会局势以及采用新支付手段，造成滞后于消费者需求的局面。与此同时，传统的缴费方式正在受到新形势变化的影响不断进行革新，

并且将自动化与移动化相结合,部分便民缴费业务消费者不再需要依赖于线下物理网点的缴费方式进行缴费。线上缴费方式的人群比例从 2014 年的 39.85% 上升到 41.99%(见图 2-13),整体进一步向线上倾斜。移动端逐渐成为缴费的首选方式,2015 年移动端缴费比例增长至 23.45%,成为线上缴费使用人群最多的方式。2015 年作为线下缴费的物理网点(包括银行和收费单位的物理网点)缴费比例出现下降趋势,降幅为 9.12%。反而银行自助终端出现明显上涨,目前占比达到了 14.67%,增幅较大。因此,由于线上缴费的便利性和大众化,消费者缴费方式逐步向线上化、移动化、自助化发展。

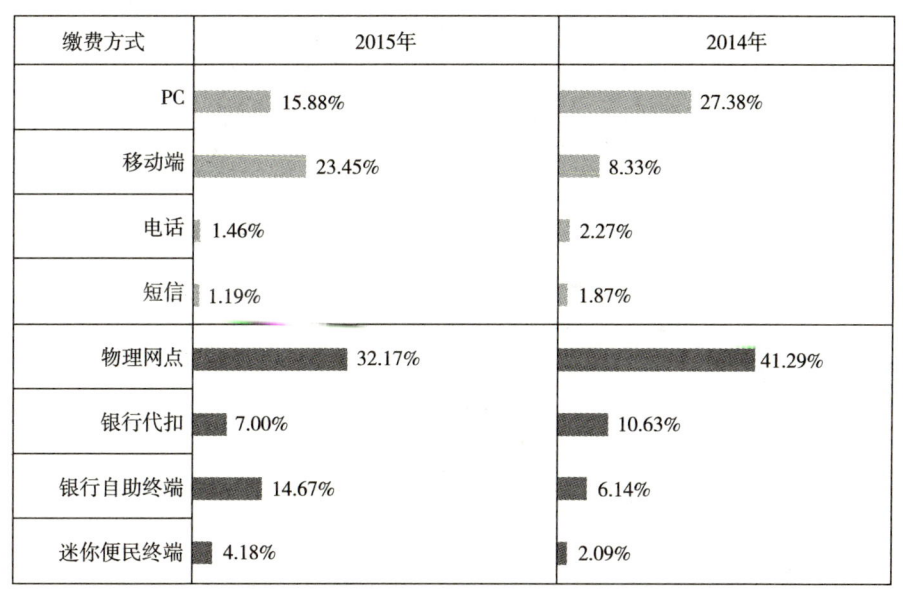

资料来源:2016 年《中国便民缴费产业白皮书》调研。

图 2-13 中国总体缴费方式人群占比及变化

随着互联网时代的发展,互联网对中国的缴费行业影响越来越大,从传统的线下实体缴费逐渐转型为线上网络缴费,缴费方式的变化极大地便利了中国民众的生活。从用户类型来看,首先,将消费者样本个体划分为三类:纯线上用户、纯线下用户、线上线下综合用户。根据行业调研数据对其进行分析发现，纯线上或纯线下用户的比例都相对较低，主要是因为消费者在面对多样的选择时，会根据所处环境和情况选择最方便的方式，因此绝大多数消费者既会选择线上又会使用线下，导致该类用户达到80.54%。其次，纯线上的用户比例低于纯线下的用户比例，分析其原因可能是由于在某些缴费业务上，线上的缴费方式目前尚未普及造成的。

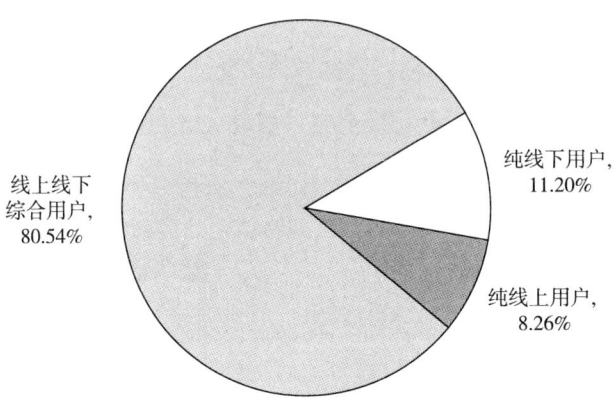

资料来源：2016年《中国便民缴费产业白皮书》调研。

图2-14 用户类型划分

2.1.6 话费线下渐被取代，暖气公交难上线

手机已经逐渐成为大众化消费品，行业调研数据显示，截至2015年，中国的手机覆盖率已经达到了80%以上。如此庞大的手机用户市场，话费的缴费需求势必很高，过去十几年中国的各大电信运营商在线下设立大量的营业厅、服务厅、充值卡售卖网点等，但还是无法满足如此庞大的市场需求。随着互联网和移动互联网的发展，线上缴费已经成为一种既简单又方便的缴费方式，因此用户快速接纳了线上缴费，手机话费线上缴费人群占比已经达到78.16%，如表2-2、图2-15所示。而暖气费和公交卡充值的线上人群占比则最低。

表2-2　　　　　　　　　各业务缴费方式占比　　　　　　　　单位：%

缴费类型	缴费方式	水费	电费	煤气/天然气	有线电视	固话	手机	暖气	宽带	公交	交通罚款
线上缴费	PC	10.39	12.24	10.51	9.35	19.09	24.32	5.80	13.49	6.84	11.08
	移动端	15.52	18.88	13.82	11.26	21.86	51.81	7.34	15.63	11.64	13.48
	电话	0.40	0.72	0.67	0.78	1.13	1.23	0.44	0.93	0.56	0.93
	短信	0.61	0.65	0.60	0.45	0.52	0.80	0.50	0.49	0.69	1.15
线下缴费	物理网点	54.77	46.91	54.88	59.06	39.21	12.11	70.65	52.13	57.53	38.89
	银行代扣	6.19	7.02	6.07	4.98	4.04	2.27	3.78	3.73	2.74	8.23
	银行自助终端	10.29	11.37	11.02	12.48	12.36	5.58	10.33	11.84	13.33	24.94
	迷你便民终端	1.83	2.20	2.44	1.64	1.79	1.87	1.17	1.76	6.67	1.31

资料来源：2016年《中国便民缴费产业白皮书》调研。

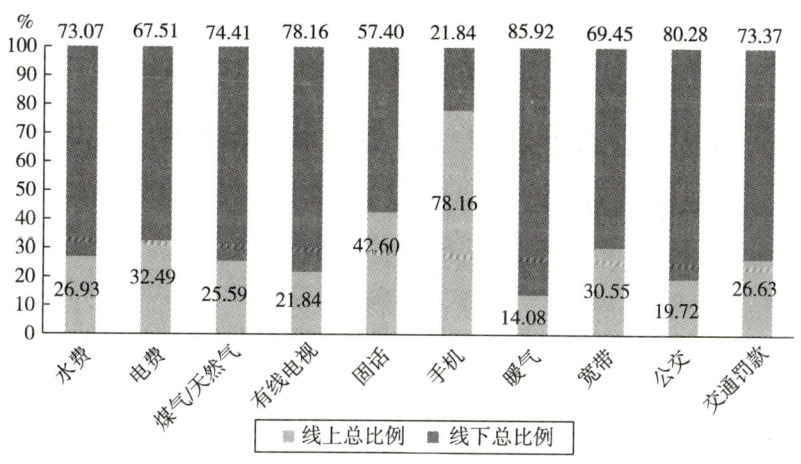

资料来源：2016年《中国便民缴费产业白皮书》调研。

图2-15　各项业务线上线下缴费比例

暖气费线上化缴费占比仅为14.08%，分析其原因。首先，尽管部分暖气收费单位和热电公司已经开始尝试官网缴费，但在用户体验上仍有很大提升空间；其次，尽管银行、支付公司等第三方渠道和热电单位的合作也在相继展开，然而开拓更多的合作机构、做到更延展的区域覆盖面仍需一段时间，现有覆盖不够充足；最后，暖气费每年只缴纳一次，新缴费方式的宣传力度不够、普及较低，消费者认知度和信赖度均有待提升，这些都影响了暖气费线上缴费方式的使用。

公交卡线上化缴费占比仅为 19.72%，分析其原因。首先，中国大多数城市的公交卡尚未全面实行实名制，消费者对于卡片的管理意识较弱，因此公交卡充值市场尚未形成一个消费者普遍认知度高、操作便捷、体验良好的线上缴费方式和平台；其次，随着 NFC 功能的发展，银行、支付公司等第三方渠道充值功能逐渐得以开发、专业充值 APP 也应运而生，智能读卡器也开始出现，但是这些新形式仍处于萌芽和试水阶段，NFC 功能尚未普及，智能读卡器和专业充值 APP 用户体验较差；最后，公交卡在地铁站和公交站的自助充值机操作较简单，特别是地铁站已经基本全部匹配自助充值机，公交卡余额不足时进行自助充值简单、容易操作。

2.2 2015 年中国便民缴费行业缴费方式与渠道分析

随着互联网技术的发展和商业服务环境的日趋成熟，中国便民缴费行业缴费方式和缴费渠道呈现丰富化和多样化的态势。缴费方式是指缴费使用的方法与类型，包括有 PC 端、移动端、电话、短信缴费 4 种线上缴费方式，及在公共事业单位指定的缴费网点（物理网点）、银行代扣、银行自助终端和迷你便民终端缴费 4 种线下缴费方式；缴费渠道是指缴费时使用的具体缴费平台和缴费网点，包括第三方支付平台、电商平台、银行电子平台 3 种线上缴费渠道，及银行物理网点、超市或便利店、报刊亭、物业、收费单位指定营业厅 5 种线下缴费渠道。

2.2.1 行业缴费方式分析

通过对 2015 年便民缴费行业各项业务的缴费方式进行深入分析，发现现有的便民缴费业务中，除手机缴费以外的其他生活类缴费业务在缴费方式的选择上线下缴费比例均较高。从整体来看，2015 年各项便民缴费业务中，手机

第 2 章 中国便民缴费行业发展状况分析

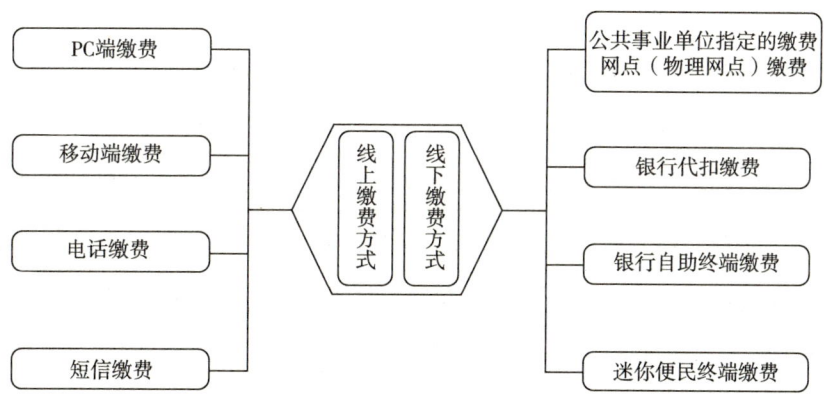

图 2-16　便民缴费方式

话费业务线上占比最大，其中移动端缴费占比达五成以上，达到 51.81%。水费、燃气、有线电视、暖气等费用线下缴费占比仍然较高，都在 70% 以上，出现这种现象的主要原因是这些缴费项目有着一定的行业垄断的特性，目前国内大多数地区尚未建立完善的线上化缴费体系，因此很大一部分的缴费需要由线下的便民缴费网点或者公共事业性单位指定网点才能完成缴费。但是随着近年来互联网和移动终端技术的快速发展，未来便民缴费行业的线上化缴费将会快速发展。

表 2-3　2015 年各项业务占比分析　　　　　　　　单位：%

缴费方式	水费	电费	燃气	有线电视	固话	手机	暖气	宽带	公交	交通罚款
线上缴费	**26.93**	**32.49**	**25.59**	**21.84**	**42.60**	**78.16**	**14.08**	**30.55**	**19.72**	**26.63**
PC	10.39	12.24	10.51	9.35	19.09	24.32	5.80	13.49	6.84	11.08
移动端	15.52	18.88	13.82	11.26	21.86	51.81	7.34	15.63	11.64	13.48
电话	0.40	0.72	0.67	0.78	1.13	1.23	0.44	0.93	0.56	0.93
短信	0.61	0.65	0.60	0.45	0.52	0.80	0.50	0.49	0.69	1.15
线下缴费	**73.07**	**67.51**	**74.41**	**78.16**	**57.40**	**21.84**	**85.92**	**69.45**	**80.28**	**73.37**
物理网点	54.77	46.91	54.88	59.06	39.21	12.11	70.65	52.13	57.53	38.89
银行代扣	6.19	7.02	6.07	4.98	4.04	2.27	3.78	3.73	2.74	8.23
银行自助终端	10.29	11.37	11.02	12.48	12.36	5.58	10.33	11.84	13.33	24.94
迷你便民终端	1.83	2.20	2.44	1.64	1.79	1.87	1.17	1.76	6.67	1.31

资料来源：2016 年《中国便民缴费产业白皮书》调研。

以下将对各缴费项目的缴费方式,从区域和重点省区市的维度进行分析:

水费:华东地区线上缴费率最高,华北地区线上缴费率最低

水费是生活类缴费的必需消费品,总体线上化率比较低,从区域方面来看,华东地区线上缴费占比最高(占比32.5%),华东地区线上移动端缴费方式也是最高的(占比19.32%)。华北地区线下缴费方式占比最高(占比77.29%),西北地区线下物理网点缴费方式选择比例最高(占比60.12%)。这说明,华东地区水费缴纳的线上化发展得最好,华北和西北地区仍有较大差距。从重点省区市角度来看,华东地区的上海市线上缴费方式选择比例最高(占比40.09%),线上移动端缴费的比例最高(占比23.82%)。华北地区的河北省线上缴费方式选择比例最低(占比13.19%),线下物理网点缴费比例最高(占比73.61%)。

表2-4　　　　　　　　水费——各区域缴费方式占比　　　　　　单位:%

缴费方式	华北	东北	华东	华南	西北	中部	西南
线上缴费	**22.71**	**29.55**	**32.50**	**23.67**	**23.75**	**24.69**	**26.79**
PC	9.28	13.27	12.52	9.85	8.22	8.72	9.48
移动端	12.61	15.20	19.32	11.63	14.23	15.31	16.19
电话	0.19	0.36	0.28	0.68	0.80	0.11	0.60
短信	0.63	0.72	0.38	1.50	0.50	0.56	0.52
线下缴费	**77.29**	**70.45**	**67.50**	**76.33**	**76.25**	**75.31**	**73.21**
物理网点	59.85	52.96	48.94	51.85	60.12	57.77	53.88
银行代扣	4.52	4.34	6.94	9.85	5.51	6.82	6.12
银行自助终端	10.60	11.58	10.25	12.31	8.62	9.05	10.00
迷你便民终端	1.76	1.33	1.32	2.05	2.00	1.56	2.91
其他	0.56	0.24	0.05	0.27	—	0.11	0.30

资料来源:2016年《中国便民缴费产业白皮书》调研。

表 2-5　　水费——重点省区市缴费方式占比　　单位：%

缴费方式	河北	北京	天津	辽宁	山东	上海	江西	广东	广西	新疆
线上缴费	13.19	30.93	22.13	35.86	20.00	40.09	33.46	23.67	22.81	20.64
PC	6.60	13.26	8.68	15.86	8.96	15.80	13.75	9.31	9.51	6.05
移动端	6.60	16.05	12.89	18.62	10.75	23.82	17.84	11.97	10.65	14.23
电话	—	0.23	—	0.69	—	—	1.49	0.53	1.14	0.36
短信	—	1.40	0.56	0.69	0.30	0.47	0.37	1.86	1.52	—
线下缴费	86.81	69.07	77.87	64.14	80.00	59.91	66.54	76.33	77.19	79.36
物理网点	73.61	50.47	62.46	45.52	65.97	42.69	49.81	49.47	55.13	61.21
银行代扣	3.13	5.12	4.76	5.86	4.48	5.66	7.43	13.03	6.84	5.69
银行自助终端	8.68	12.33	7.56	11.38	8.06	9.67	8.18	12.50	12.93	9.25
迷你便民终端	1.04	1.16	1.68	1.38	1.49	1.65	1.12	1.33	1.52	3.20
其他	0.35	—	1.40	—	—	0.24	—	—	0.76	—

资料来源：2016 年《中国便民缴费产业白皮书》调研。

电费：东北地区线上缴费率最高，但华东和中部地区线上缴费的移动端比例更高

从各大区域分析电费缴费方式，东北地区电费缴费方式选择线上缴费最多（占比 38.10%），东北地区线上 PC 端缴费比例也最高（占比 16.82%），但华东和中部地区线上缴费方式以移动端缴费比例为主，分别达到 22.89% 和 20.43%。西北地区线上缴费比例最低（占比 26.74%），西北地区线下物理网点缴费比例最高（占比 50.87%）。华南地区银行代扣的缴费比例相对较高（占比 10.89%）。在各重点省区市缴费方式选择中，上海仍然是线上缴费的主要地区（占比 41.61%），其中移动端比例最高（占比 25.50%）。辽宁省线上缴费比例仅次于上海，PC 端缴费比例最高（占比 20.74%）。河北省线上缴费占比最低（占比 19.27%）。

表2-6　　　　　　电费——各区域缴费方式占比　　　　　　单位：%

缴费方式	华北	东北	华东	华南	西北	中部	西南
线上缴费	**31.00**	**38.10**	**36.86**	**27.09**	**26.74**	**31.94**	**31.17**
PC	12.51	16.82	12.93	10.23	9.50	10.22	12.31
移动端	17.15	19.45	22.89	15.14	15.41	20.43	17.71
电话	0.82	1.03	0.50	0.40	0.97	0.97	0.58
短信	0.53	0.80	0.54	1.33	0.87	0.32	0.58
线下缴费	**69.00**	**61.90**	**63.14**	**72.91**	**73.26**	**68.06**	**68.83**
物理网点	49.74	44.97	41.73	47.14	50.87	48.39	48.60
银行代扣	4.87	5.03	8.25	10.89	7.07	6.67	6.98
银行自助终端	11.92	10.41	11.18	13.15	12.40	10.86	10.15
迷你便民终端	2.29	1.49	1.98	1.59	2.81	2.04	2.88
其他	0.18	—	—	0.13	0.10	0.11	0.22

资料来源：2016年《中国便民缴费产业白皮书》调研。

表2-7　　　　　电费——重点省区市缴费方式占比　　　　　　单位：%

缴费方式	河北	北京	天津	辽宁	山东	上海	江西	广东	广西	新疆
线上缴费	**19.27**	**36.67**	**30.83**	**40.80**	**28.49**	**41.61**	**37.58**	**25.52**	**28.36**	**24.11**
PC	8.97	14.22	10.99	20.74	10.14	14.77	15.44	8.76	10.91	7.09
移动端	9.97	21.11	17.69	19.06	17.26	25.50	21.14	14.69	15.64	16.67
电话	—	1.11	1.34	0.33	—	0.22	1.01	0.52	0.36	0.35
短信	0.33	0.22	0.80	0.67	1.10	1.12	—	1.55	1.45	—
线下缴费	**80.73**	**63.33**	**69.17**	**59.20**	**71.51**	**58.39**	**62.42**	**74.48**	**71.64**	**75.89**
物理网点	62.13	42.67	54.16	39.46	53.97	39.37	45.64	43.30	49.82	47.52
银行代扣	3.32	4.89	4.29	6.35	5.48	6.94	6.04	14.18	8.36	8.87
银行自助终端	11.96	13.33	10.19	11.71	9.09	9.40	9.06	14.95	12.00	14.89
迷你便民终端	2.99	2.00	0.54	1.67	3.01	2.68	1.68	1.80	1.45	4.61
其他	0.33	0.44	—	—	—	—	—	0.26	—	—

资料来源：2016年《中国便民缴费产业白皮书》调研。

煤气/天然气费：华东地区线上缴费比例最高，中部地区线下缴费比例最高

煤气/天然气费缴费方式，从各大区域来看，华东地区煤气/天然气费线上缴费比例最高（占比29.50%），其中选择移动端缴费比例也最高（占比

17.34%）。中部地区线下缴费比例最高（占比79.63%），中部地区线下物理网点缴费比例最高（占比59.83%）。华南地区银行代扣的缴费比例最高（占比9.16%），银行自助终端比例也最高（占比13.37%）。在各重点省区市缴费方式选择中，上海仍然是线上缴费的主要地区（占比39.89%），其中移动端比例也最高（占比25.61%）。河北线下缴费比例最高（占比85.51%），其中物理网点缴费占比超过七成（占比70.09%）。

表2-8　　　　煤气/天然气费——各区域缴费方式占比　　　　单位：%

缴费方式	华北	东北	华东	华南	西北	中部	西南
线上缴费	24.42	25.82	29.50	22.16	21.88	20.37	28.27
PC	11.31	12.41	10.85	8.61	9.02	7.83	11.40
移动端	11.84	12.98	17.34	11.17	11.12	11.82	15.72
电话	0.52	0.29	0.77	1.47	0.74	0.28	0.71
短信	0.75	0.14	0.54	0.92	0.99	0.43	0.44
线下缴费	75.58	74.18	70.50	77.84	78.12	79.63	71.73
物理网点	58.80	56.35	49.76	52.56	58.71	59.83	51.59
银行代扣	4.12	5.42	7.21	9.16	6.43	5.27	5.74
银行自助终端	10.86	9.27	11.03	13.37	10.01	12.11	11.04
迷你便民终端	1.50	3.00	2.38	2.75	2.60	2.14	3.18
其他	0.30	0.14	0.12	—	0.37	0.28	0.18

资料来源：2016年《中国便民缴费产业白皮书》调研。

表2-9　　　　煤气/天然气费——重点省区市缴费方式占比　　　　单位：%

缴费方式	河北	北京	天津	辽宁	山东	上海	江西	广东	广西	新疆
线上缴费	14.49	31.17	22.48	33.76	20.14	39.89	24.87	23.34	15.79	16.39
PC	7.01	14.55	8.47	15.61	9.22	12.13	9.84	7.67	7.37	7.14
移动端	7.48	15.58	12.38	17.72	10.58	25.61	14.51	12.89	6.84	7.98
电话	—	0.52	0.65	0.42	0.34	1.08	0.52	1.74	0.53	—
短信	—	0.52	0.98	—	—	1.08	—	1.05	1.05	1.26
线下缴费	85.51	68.83	77.52	66.24	79.86	60.11	75.13	76.66	84.21	83.61
物理网点	70.09	48.57	62.21	47.26	60.75	42.59	56.48	48.43	61.58	63.03
银行代扣	2.80	4.68	5.21	5.91	6.83	7.28	7.77	11.50	5.79	6.72
银行自助终端	11.68	14.81	8.14	8.86	11.26	7.55	8.29	14.98	12.63	11.76
迷你便民终端	0.93	0.78	1.30	4.22	1.02	2.70	2.07	1.74	4.21	1.68
其他	—	—	0.65	—	—	—	0.52	—	—	0.42

资料来源：2016年《中国便民缴费产业白皮书》调研。

供暖费/电暖费：各缴费业务中线上化率最低，集中供暖区域线下缴费率高

供暖费/电暖费缴费方式，从各大区域来看，中部、华北、东北和西北四个地区线下缴费比例最高，占比均超过86%，主要原因是由于中国集中供暖偏向于北方，上述四个地区集中供暖比例较高，又由于供暖属于公共服务，因此，线下缴费比例偏高。华南地区供暖费/电暖费线上缴费比例最多（占比41.67%），同时选择PC端缴费比例也最高（占比20.83%）。西南地区线上移动端缴费比例最高（占比20.39%）。在各重点省区市缴费方式选择中，中国南方广东等城市线上缴费比例明显高于北方地区，究其原因主要是南方地区没有集中供暖，但是对暖气的需求同样存在，相对于北方地区而言，总量较少，所以基本依赖线上缴费方式。

表2-10　　　供暖费/电暖费——各区域缴费方式占比　　　单位：%

缴费方式	华北	东北	华东	华南	西北	中部	西南
线上缴费	**12.67**	**12.75**	**16.62**	**41.67**	**13.48**	**12.35**	**31.07**
PC	5.64	5.84	5.82	20.83	5.85	3.59	8.74
移动端	6.13	6.14	9.14	16.67	7.09	7.97	20.39
电话	0.57	0.31	0.28	4.17	0.35	0.40	—
短信	0.33	0.46	1.39	—	0.18	0.40	1.94
线下缴费	**87.33**	**87.25**	**83.38**	**58.33**	**86.52**	**87.65**	**68.93**
物理网点	73.51	72.20	65.93	29.17	70.04	72.11	51.46
银行代扣	3.03	3.84	4.99	8.33	3.72	5.18	3.88
银行自助终端	9.73	9.98	11.36	16.67	11.52	8.76	11.65
迷你便民终端	0.98	1.23	1.11	4.17	1.06	1.59	1.94
其他	0.08	—	—	—	0.18	—	—

资料来源：2016年《中国便民缴费产业白皮书》调研。

表2-11 供暖费/电暖费——重点省区市缴费方式占比 单位：%

缴费方式	河北	北京	天津	辽宁	山东	上海	江西	广东	广西	新疆
线上缴费	**7.02**	**15.85**	**14.86**	**16.10**	**10.95**	**52.00**	**28.57**	**40.00**	**33.33**	**11.11**
PC	4.96	7.38	5.80	7.20	3.65	20.00	14.29	10.00	11.11	5.26
移动端	2.07	7.92	7.97	8.05	5.84	32.00	14.29	30.00	11.11	5.85
电话	—	—	1.09	0.42	—	—	—	—	11.11	—
短信	—	0.55	—	0.42	1.46	—	—	—	—	—
线下缴费	**92.98**	**84.15**	**85.14**	**83.90**	**89.05**	**48.00**	**71.43**	**60.00**	**66.67**	**88.89**
物理网点	80.99	67.76	75.00	68.64	71.90	40.00	57.14	30.00	33.33	74.27
银行代扣	2.07	4.92	1.45	5.08	4.01	—	14.29	—	11.11	3.51
银行自助终端	8.68	10.38	7.61	8.47	12.41	8.00	—	30.00	11.11	9.94
迷你便民终端	0.83	1.09	1.09	1.69	0.73	—	—	—	11.11	1.17
其他	0.41	—	—	—	—	—	—	—	—	—

资料来源：2016年《中国便民缴费产业白皮书》调研。

有线电视费：线下缴费方式比例均高于75%，江西和上海线上缴费率最高

有线电视费缴费方式，从各大区域来看，全国均以线下缴费方式为主，线下缴费比例均高于75%，其中物理网点缴费比例均在50%以上，西南地区线下化缴费比例最低（占比75.75%）。各重点省区市缴费方式选择中，江西和上海的线上缴费比例最高，分别达到28.78%和27.16%，河北和山东的线上缴费比例最低，分别为13.76%和14.07%。

表2-12 有线电视费——各区域缴费方式占比 单位：%

缴费方式	华北	东北	华东	华南	西北	中部	西南
线上缴费	**21.30**	**18.86**	**23.73**	**20.74**	**20.19**	**20.26**	**24.25**
PC	9.35	11.00	9.85	9.04	7.05	8.56	9.74
移动端	10.27	7.00	12.97	10.46	12.20	10.70	12.76
电话	1.15	0.29	0.43	0.71	0.41	1.00	1.36
短信	0.54	0.57	0.49	0.53	0.54	—	0.39
线下缴费	**78.70**	**81.14**	**76.27**	**79.26**	**79.81**	**79.74**	**75.75**
物理网点	57.85	63.29	58.29	51.42	63.41	59.91	58.91
银行代扣	4.83	4.71	4.65	8.87	3.66	5.99	3.99
银行自助终端	13.87	12.00	11.74	17.38	11.38	12.41	10.22
迷你便民终端	1.84	0.86	1.47	1.60	1.36	1.43	2.53
其他	0.31	0.29	0.12	—	—	—	0.10

资料来源：2016年《中国便民缴费产业白皮书》调研。

表 2-13　有线电视费——重点省区市缴费方式占比　　　单位：%

缴费方式	河北	北京	天津	辽宁	山东	上海	江西	广东	广西	新疆
线上缴费	**13.76**	**24.06**	**22.30**	**21.28**	**14.07**	**27.16**	**28.78**	**21.62**	**16.41**	**14.60**
PC	8.26	9.63	9.41	12.77	5.70	10.15	13.66	8.45	6.67	5.75
移动端	3.67	12.30	11.85	7.66	7.60	15.82	13.17	11.82	9.23	8.41
电话	1.38	1.87	0.70	0.43	—	1.19	—	0.34	0.51	—
短信	0.46	0.27	0.35	0.43	0.76	—	1.95	1.01	—	0.44
线下缴费	**86.24**	**75.94**	**77.70**	**78.72**	**85.93**	**72.84**	**71.22**	**78.38**	**83.59**	**85.40**
物理网点	72.48	45.45	60.28	62.13	65.78	53.13	58.54	46.62	63.59	68.14
银行代扣	2.29	10.96	1.05	5.11	5.32	4.78	4.39	11.15	5.64	3.98
银行自助终端	10.09	17.38	14.98	10.21	13.31	11.64	7.80	19.26	13.85	12.39
迷你便民终端	1.38	2.14	1.39	1.28	0.76	3.28	0.49	1.35	0.51	0.88
其他	—	—	—	—	0.76	—	—	—	—	—

资料来源：2016 年《中国便民缴费产业白皮书》调研。

网络宽带费：西南地区线上缴费率最高，东北地区线上缴费率最低

网络宽带费缴费方式，从各大区域来看，西南地区线上缴费比例最大（占比 36.29%），西南选择移动端缴费比例和 PC 端缴费比例也最高，占比分别为 19.53% 和 15.55%。东北地区线上化缴费比例最低（占比 25.09%），同时东北地区物理网点线下缴费比例最高（占比 59.09%）。在各重点省区市缴费方式选择中，上海的线上化缴费比例最高（占比 42.22%），山东和河北的线上化缴费比例最低，分别为 20.62% 和 22.76%。

表 2-14　网络宽带费——各区域缴费方式占比　　　单位：%

缴费方式	华北	东北	华东	华南	西北	中部	西南
线上缴费	**25.42**	**25.09**	**33.41**	**30.41**	**30.91**	**28.59**	**36.29**
PC	12.27	11.99	14.14	14.85	12.02	12.74	15.55
移动端	11.77	11.12	18.01	13.72	16.87	15.15	19.53
电话	0.76	1.24	0.82	1.41	1.31	0.34	0.98
短信	0.63	0.74	0.44	0.42	0.71	0.34	0.23
线下缴费	**74.58**	**74.91**	**66.59**	**69.59**	**69.09**	**71.41**	**63.71**
物理网点	56.77	59.09	48.96	47.81	53.13	52.47	48.08
银行代扣	3.34	3.09	3.68	5.80	3.03	3.56	4.13
银行自助终端	12.46	10.51	12.15	14.14	11.62	13.32	9.24
迷你便民终端	1.70	2.10	1.69	1.27	1.31	1.84	2.25
其他	0.31	0.12	0.10	0.57	—	0.23	—

资料来源：2016 年《中国便民缴费产业白皮书》调研。

表2-15　　　　网络宽带费——重点省区市缴费方式占比　　　　单位：%

缴费方式	河北	北京	天津	辽宁	山东	上海	江西	广东	广西	新疆
线上缴费	**22.76**	**27.73**	**25.47**	**25.46**	**20.62**	**42.22**	**33.45**	**27.79**	**32.03**	**26.97**
PC	11.19	14.22	8.85	11.81	9.60	18.27	15.27	12.26	16.80	11.24
移动端	11.19	12.56	14.21	11.81	10.45	21.98	17.45	13.90	13.28	14.61
电话	0.37	0.71	0.80	1.48	0.28	1.73	0.36	1.09	1.56	0.75
短信	—	0.24	1.61	0.37	0.28	0.25	0.36	0.54	0.39	0.37
线下缴费	**77.24**	**72.27**	**74.53**	**74.54**	**79.38**	**57.78**	**66.55**	**72.21**	**67.97**	**73.03**
物理网点	60.45	48.82	60.59	57.20	58.76	41.23	48.36	49.86	48.83	55.43
银行代扣	1.87	6.16	2.95	3.69	2.82	4.44	4.00	6.27	4.69	4.49
银行自助终端	14.55	14.45	9.12	10.70	15.25	9.88	12.00	15.53	12.11	11.61
迷你便民终端	0.37	2.61	1.07	2.58	2.26	2.22	2.18	0.27	1.95	1.50
其他	—	0.24	0.80	0.37	0.28	—	—	0.27	0.39	—

资料来源：2016年《中国便民缴费产业白皮书》调研。

固定电话费：华北和华南地区线上缴费比例低于西北地区

固定电话费缴费方式，从各大区域来看，东北地区线上缴费比例最高（占比48.88%），西南地区次之（占比44.88%），华南地区线上缴费比例最低（占比34.93%）。从各重点省区缴费方式选择中可以看出，辽宁的线上缴费比例最高（占比49.25%），山东的线上缴费比例最低（占比27.54%），随着手机的普及，固定电话的市场规模在萎缩，很多区域电信运营商将固定电话变为与手机捆绑的赠送品，因为在固定电话缴费时可以与手机捆绑缴费，有助于提升固定电话费的线上化缴费比例。

表2-16　　　　固定电话费——各区域缴费方式占比　　　　单位：%

缴费方式	华北	东北	华东	华南	西北	中部	西南
线上缴费	**43.79**	**48.88**	**40.64**	**34.93**	**46.72**	**40.18**	**44.88**
PC	18.32	20.22	19.90	20.96	17.47	18.72	17.73
移动端	24.22	23.03	19.06	13.97	27.95	20.55	25.48
电话	0.93	5.06	0.67	—	0.87	0.91	1.11
短信	0.31	0.56	1.01	—	0.44	—	0.55

续表

缴费方式	华北	东北	华东	华南	西北	中部	西南
线下缴费	**56.21**	**51.12**	**59.36**	**65.07**	**53.28**	**59.82**	**55.12**
物理网点	37.27	39.89	40.98	39.30	36.68	41.10	37.67
银行代扣	2.48	1.69	5.56	6.55	1.75	4.57	3.60
银行自助终端	14.91	7.87	11.30	16.59	12.23	12.79	11.08
迷你便民终端	1.55	0.56	1.52	2.18	2.62	1.37	2.49
其他	—	1.12	—	0.44	—	—	0.28

资料来源：2016年《中国便民缴费产业白皮书》调研。

表2-17　　　固定电话费——重点省区市缴费方式占比　　　单位：%

缴费方式	河北	北京	天津	辽宁	山东	上海	江西	广东	广西	新疆
线上缴费	**45.28**	**48.53**	**44.83**	**49.25**	**27.54**	**42.24**	**39.08**	**33.65**	**30.53**	**40.00**
PC	22.64	17.65	18.39	23.88	17.39	21.55	21.84	16.35	25.26	9.09
移动端	18.87	27.94	26.44	16.42	10.14	18.10	13.79	17.31	5.26	29.09
电话	3.77	1.47	—	8.96	—	—	3.45	—	—	1.82
短信	—	1.47	—	—	—	2.59	—	—	—	—
线下缴费	**54.72**	**51.47**	**55.17**	**50.75**	**72.46**	**57.76**	**60.92**	**66.35**	**69.47**	**60.00**
物理网点	33.96	36.76	37.93	38.81	52.17	43.10	45.98	36.54	45.26	41.82
银行代扣	1.89	4.41	1.15	1.49	5.80	2.59	2.30	9.62	3.16	3.64
银行自助终端	18.87	10.29	14.94	8.96	10.14	10.34	10.34	19.23	16.84	14.55
迷你便民终端	—	—	1.15	1.49	4.35	1.72	2.30	0.96	3.16	—
其他	—	—	—	—	—	—	—	—	1.05	—

资料来源：2016年《中国便民缴费产业白皮书》调研。

手机话费：线上缴费比例高，移动端为主，PC端为辅

手机话费缴费方式中，从各大区域来看，手机话费线上缴费比例均高于76%，东北地区最高（占比79.40%）、华北地区最低（占比76.24%）。线上缴费主要以移动端为主，PC端为辅，比例大约为2∶1。线下缴费主要通过物理网点缴费和银行自助终端完成。从各重点省区市缴费方式选择中可以看出，山东和辽宁线上化缴费比例最高，占比超过80%。总体来看，目前国内手机话费缴费方式主要是以线上移动端缴费为主（约占50%），线上PC端缴费为辅

（约占 25%）。

表 2-18　　　　手机话费——各区域缴费方式占比　　　　单位：%

缴费方式	华北	东北	华东	华南	西北	中部	西南
线上缴费	**76.24**	**79.40**	**78.34**	**78.16**	**79.05**	**78.45**	**78.55**
PC	26.44	28.67	20.97	26.01	24.56	23.39	23.85
移动端	47.06	48.04	55.50	50.67	52.36	53.32	53.21
电话	1.77	1.68	1.13	0.86	1.30	1.02	0.78
短信	0.97	1.01	0.74	0.61	0.83	0.72	0.71
线下缴费	**23.76**	**20.60**	**21.66**	**21.84**	**20.95**	**21.55**	**21.45**
物理网点	13.36	12.43	11.61	10.31	11.77	12.26	12.35
银行代扣	2.11	2.02	2.77	1.84	2.04	2.66	1.98
银行自助终端	6.40	4.93	5.42	7.24	5.65	4.60	4.94
迷你便民终端	1.83	1.23	1.86	2.45	1.48	2.04	2.19
其他	0.06	—	—	—	—	—	—

资料来源：2016 年《中国便民缴费产业白皮书》调研。

表 2-19　　　　手机话费——重点省区市缴费方式占比　　　　单位：%

缴费方式	河北	北京	天津	辽宁	山东	上海	江西	广东	广西	新疆
线上缴费	**74.69**	**75.88**	**77.35**	**80.33**	**80.98**	**77.05**	**79.19**	**78.64**	**77.78**	**77.03**
PC	26.88	23.68	26.46	30.33	22.88	20.84	22.82	24.27	27.12	23.99
移动端	46.88	48.90	47.07	46.67	55.01	54.80	52.68	52.91	49.02	50.68
电话	0.94	1.97	2.29	2.33	1.54	1.17	3.02	0.73	1.31	1.01
短信	—	1.32	1.53	1.00	1.54	0.23	0.67	0.73	0.33	1.35
线下缴费	**25.31**	**24.12**	**22.65**	**19.67**	**19.02**	**22.95**	**20.81**	**21.36**	**22.22**	**22.97**
物理网点	11.25	14.25	13.99	11.67	10.28	11.94	10.74	8.74	12.09	14.53
银行代扣	1.56	2.63	2.29	1.33	2.31	1.87	2.34	2.43	1.63	2.36
银行自助终端	10.00	6.58	4.58	4.67	4.11	7.26	5.03	7.04	6.86	5.07
迷你便民终端	2.50	0.66	1.78	2.00	2.31	1.87	1.68	3.16	1.63	1.01
其他	—	—	—	—	—	—	—	—	—	—

资料来源：2016 年《中国便民缴费产业白皮书》调研。

公交卡充值：华南地区线上缴纳率最高，河北省线上缴费比例最低

公交卡充值缴费方式，整体来看，以线下缴费方式为主，这主要由中国公交卡线下充值方便、非实名制线上缴费较困难导致。从区域来看，华南地区线上缴费比例最高（占比 26.95%），东北地区线上缴费比例最低（占比 15.88%）。线下物理网点缴费是各地区主要的缴费方式，华北地区线下物理网点缴费比例最高（占比 62.07%）。从重点各省区市来看，河北的公交卡线上缴费比例最低，占比仅为 10.64%，其物理网点缴费比例最高（占比 75.18%）。

表 2-20　　　　　公交卡充值——各区域缴费方式占比　　　　　单位：%

缴费方式	华北	东北	华东	华南	西北	中部	西南
线上缴费	**17.72**	**15.88**	**19.84**	**26.95**	**20.17**	**19.07**	**19.97**
PC	6.68	6.01	7.36	7.82	5.91	5.84	7.22
移动端	10.15	8.80	11.45	16.26	13.39	11.87	11.34
电话	0.62	0.64	0.27	0.82	0.52	0.78	0.64
短信	0.27	0.43	0.75	2.06	0.35	0.58	0.77
线下缴费	**82.28**	**84.12**	**80.16**	**73.05**	**79.83**	**80.93**	**80.03**
物理网点	62.07	60.52	58.69	42.39	57.22	55.84	56.96
银行代扣	1.96	4.08	3.00	3.09	2.26	2.14	3.09
银行自助终端	11.93	13.95	12.54	16.46	14.96	16.15	11.21
迷你便民终端	6.32	5.36	5.66	10.70	5.22	6.23	8.63
其他	—	0.21	0.27	0.41	0.17	0.58	0.13

资料来源：2016 年《中国便民缴费产业白皮书》调研。

表 2-21　　　　公交卡充值——重点省区市缴费方式占比　　　　单位：%

缴费方式	河北	北京	天津	辽宁	山东	上海	江西	广东	广西	新疆
线上缴费	**10.64**	**17.05**	**19.73**	**17.11**	**19.40**	**22.97**	**20.59**	**30.18**	**20.13**	**17.61**
PC	4.26	6.72	6.35	6.95	9.05	5.88	7.35	7.72	7.38	4.23
移动端	6.38	9.82	12.04	9.63	9.48	15.13	13.24	20.00	10.07	12.68
电话	—	0.52	0.33	—	—	0.28	—	0.35	1.34	0.70
短信	—	—	1.00	0.53	0.86	1.68	—	2.11	1.34	—
线下缴费	**89.36**	**82.95**	**80.27**	**82.89**	**80.60**	**77.03**	**79.41**	**69.82**	**79.87**	**82.39**
物理网点	75.18	58.91	63.55	57.22	62.07	55.18	59.56	37.19	54.36	61.27
银行代扣	2.84	2.58	1.34	5.35	4.74	3.36	0.74	2.81	2.01	2.11
银行自助终端	9.93	14.21	9.70	16.58	9.91	10.64	15.44	17.19	16.11	15.49
迷你便民终端	1.42	7.24	5.69	3.21	3.88	7.84	2.21	11.93	7.38	2.82
其他	—	—	—	0.53	—	—	1.47	0.70	—	0.70

资料来源：2016 年《中国便民缴费产业白皮书》调研。

交通罚款：中部地区线上缴费比例最低，山东省线上缴费比例最低

交通罚款的缴费方式，全国各地区线上占比均不超过30%，中部地区交通罚款线上缴费比例最低，仅为22.96%。交通罚款主要集中于线下缴费，主要原因是交通罚款缴费驾驶员习惯于集中处理，去交管局或银行代缴点现场确认和缴费，从缴费方式的选择中可以看出，物理网点缴费和银行自助终端缴费是最核心的两种处理方式，前者占40%左右，后者占25%左右。从重点省区市来看，江西的线上缴费比例最高（占比36.14%），山东的线上缴费比例最低（占比15.67%）。

表2-22　　　　　交通罚款——各区域缴费方式占比　　　　　单位：%

缴费方式	华北	东北	华东	华南	西北	中部	西南
线上缴费	**27.02**	**24.59**	**26.39**	**27.17**	**29.29**	**22.96**	**27.75**
PC	10.71	12.13	11.10	10.24	13.98	9.43	9.91
移动端	12.36	10.49	13.93	14.96	12.93	12.58	16.30
电话	2.14	0.33	0.37	0.79	1.32	0.94	0.44
短信	1.81	1.64	0.99	1.18	1.06	—	1.10
线下缴费	**72.98**	**75.41**	**73.61**	**72.83**	**70.71**	**77.04**	**72.25**
物理网点	36.74	43.93	39.95	40.94	37.73	38.05	36.56
银行代扣	7.08	7.21	10.11	10.24	7.39	6.60	7.71
银行自助终端	27.68	23.28	21.95	20.87	23.75	30.82	26.65
迷你便民终端	1.32	0.98	1.48	0.79	1.85	0.94	1.32
其他	0.16	—	0.12			0.63	

资料来源：2016年《中国便民缴费产业白皮书》调研。

表2-23　　　　　交通罚款——重点省区市缴费方式占比　　　　　单位：%

缴费方式	河北	北京	天津	辽宁	山东	上海	江西	广东	广西	新疆
线上缴费	**22.67**	**25.13**	**26.17**	**24.04**	**15.67**	**31.66**	**36.14**	**28.37**	**25.33**	**34.55**
PC	9.33	13.37	4.03	13.46	7.46	13.07	10.84	10.64	8.00	16.36
移动端	8.00	9.09	17.45	8.65	8.21	16.58	20.48	15.60	16.00	13.64
电话	2.67	1.60	3.36	—		1.01	1.20	1.42		3.64
短信	2.67	1.07	1.34	1.92	—	1.01	3.61	0.71	1.33	0.91

续表

缴费方式	河北	北京	天津	辽宁	山东	上海	江西	广东	广西	新疆
线下缴费	**77.33**	**74.87**	**73.83**	**75.96**	**84.33**	**68.34**	**63.86**	**71.63**	**74.67**	**65.45**
物理网点	37.33	32.62	42.95	51.92	46.27	34.67	38.55	39.01	41.33	36.36
银行代扣	8.00	7.49	6.71	4.81	8.96	10.05	6.02	12.77	6.67	6.36
银行自助终端	29.33	33.16	23.49	16.35	28.36	21.61	16.87	18.44	26.67	21.82
迷你便民终端	1.33	1.60	0.67	2.88	0.75	1.51	2.41	1.42	—	0.91
其他	1.33	—	—	—	—	0.50	—	—	—	—

资料来源：2016 年《中国便民缴费产业白皮书》调研。

2.2.2 行业缴费渠道分析

便民缴费行业缴费渠道分为线上缴费和线下缴费。而渠道作为产品和服务通路的一种价值流通载体，是一种重要的资源，通过它才能进行交易，是产品和服务在市场上与用户直接交易的重要途径和通道。便民缴费行业的渠道建设、优化以及管理是行业内企业和机构最为关键的一个环节。随着商业模式的演变、渠道网点设置的多少及质量，对于整体市场的掌控和管理而言，便民缴费行业有重要作用，高质量渠道的整体建设更有利于对优质合作伙伴的吸引，同时也决定了该平台在消费者心中的主体地位。

线上缴费渠道发展前景广阔

线上缴费渠道的主要使用对象为对互联网较为熟悉的用户，也称为深度互联网用户，其主要由第三方支付平台、电商平台、银行电子平台 3 大线上缴费渠道构成。对深度互联网用户而言，互联网不只是一个获取信息、对外交流的渠道，也是一个交易平台和交易工具。用户通过对互联网长时间的使用和了解，已经充分建立了信任感，对一部分互联网产品也形成了很强的认知，可以放心将自己的银行卡等机密信息输入到特定的网络产品中，在线上进行资金的支付操作。线上缴费发展成为互联网的重要模式，主要得益于中国互联网用户数量不断扩大，以及互联网行业产品用户体验程度的不断提升，中国是世界上互联网使用人口最多的国家。线上缴费主要有三大平台。首先为第三方支付平台如支付宝、财付通、快钱及拉卡拉等，其次为电商平台如淘宝、京东、苏宁、百联等，最后为银行电子平台如手机银行、短信银行、电话银行以及网银等。三大线上缴费平台中，2015年第三方支付平台缴费最高的三项为手机缴费、固话缴费以及电费，2015年电商平台的手机缴费处于遥遥领先的位置，其他占比相对较低，2015年银行电子平台以交通罚款缴费、电费、手机业务缴费以及固话缴费为主。可见，三个平台的缴费业务虽然各有侧重，但是整体趋势上一致。随着三大线上缴费平台的不断发展，未来将越来越大地影响人们的生活。

线下缴费渠道服务范围广，数量多

线下缴费渠道主要是运营方在人流量较大的地方设点，如银行网点、营业厅、地铁站、便利店等地方。合作方为运营方提供安装缴费设备的基础条件，负责最简单的功能维护以及缴费用户的操作帮助，缴费用户只需要自己按照缴费操作指示，进行快速操作，即可轻松完成缴费。在许多地方均设有不同形态的终端设备，其中银行网点的自助缴费终端是用户最放心最信任的缴费区。人群较为密集的地铁站处也常设置有便民服务站，提供手机缴费、家用购电、燃气费缴纳、交通罚款缴纳等各类服务。线下缴费渠道中含有银行物理网点（如自动终端、网点柜台等）、超市及便利店、报刊亭、小区物业、收费单位指定的营业厅如电力公司、燃气公司、自来水公司等。线下缴费终端店面和缴费点的设置取决于服务人群的多少以及服务覆盖范围，建立数量足够多、范围覆盖足够广的线下缴费平台，更有利于资源整合，收益也将随着合作方数量的增加获得实质增长。

将线上网络缴费方式与线下终端缴费相比较可看出，2014年手机缴费、固话缴费以及宽带缴费的线上占比高于线下缴费占比外，其余缴费业务均低于线下占比。2015年线下缴费整体优势仍大于线上缴费，手机缴费在线上缴费中处于重要地位，在所有业务中具有领跑的作用。线下支付渠道在整体市场中具备非常重要的作用，要进一步使线下缴费渠道建设更加完善、更加全面化，将行业资源进行整合，更好地为用户提供线下便利的缴费途径。

便民缴费行业缴费渠道三大模式

对于线上缴费使用者而言，他们已经习惯使用互联网，生活在互联网的便捷世界中，线上缴费为客户群提供了方便、简约、无处不在的缴费途径，这一途径也是用户量最多，用户体验服务最好的做法。通过PC端和移动端进行线上自主缴费，对于线上平台整体而言，大多属于附属的非盈利功能。线上缴费多依赖于互联网电商平台和互联网支付工具，如淘宝、京东等电商平台，支付宝、微信支付以及财付通等第三方支付工具，也有部分依赖于各大银行或移动、联通等电信运营商。将线上缴费进行进一步整合，将所有资源整合形成专业缴费平台，会使缴费变得更加快速化和便利化。

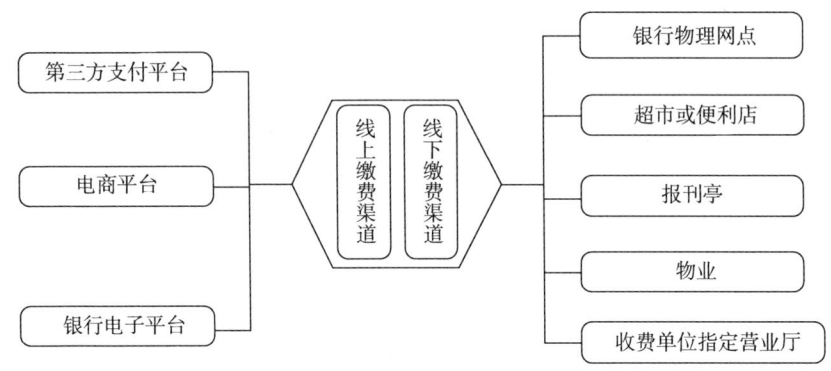

图2-17　2015年缴费渠道分布

目前便民缴费行业的渠道包含：第三方支付平台、电商平台、银行电子平台3种线上缴费渠道，及银行物理网点、超市或便利店、报刊亭、物业、收费单位指定营业厅5种线下缴费渠道。同时，便民缴费渠道可以分为三大模式，模式一是线上终端自助缴费模式，这种模式适用于有网络支付习惯的消费人群，满足了大部分年轻人由于工作和生活压力太大，时间紧无法及时完成缴费的需求；模式二为线下网点代办模式，这种模式适用于传统的现金支付人群，市场上习惯使用现金的消费者不在少数，由于对网络支付缺乏信任感，所以独爱于现金支付，这样的现金缴费需求带动了线下网点代办的发展；模式三为线下设备自主缴费，目前银联卡等电子银行发展迅速，而且大部分消费者都拥有银联卡，加上传统的便民网点缴费人员过多，往往需要排较长时间的队才能完成缴费。加之部分缴费网点的工作人员存在乱收费、态度差等影响消费者体验的情况，因此，线下自助设备自主缴费既能够满足消费者线下快速缴费的需求，还能够大大地提高缴费效率，提升消费者的缴费体验。这三种模式不断发展，形成多渠道联动化服务、客户体验无缝化对接的趋势。通过将三大模式相结合，基本能够将国内消费者的需求全面满足，消费者可以根据自身情况，选择适合自己的缴费渠道。

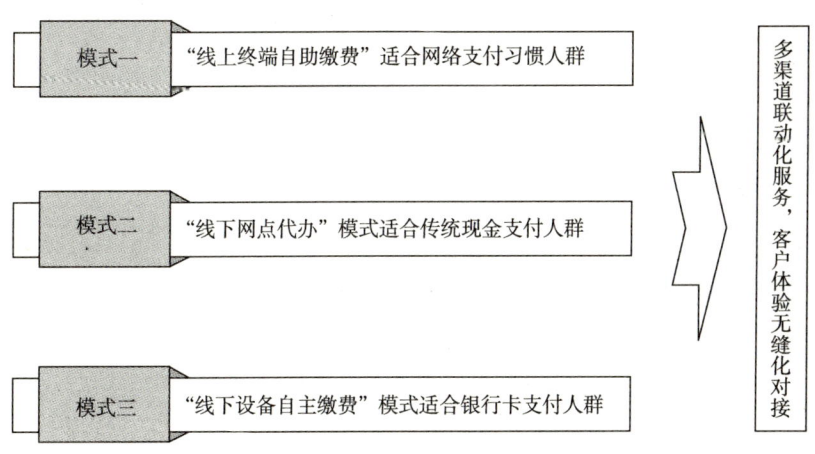

图 2-18　2015 年便民缴费渠道现状

　　线上缴费渠道中的第三方支付平台、电商平台和银行电子支付平台都是通过互联网媒介进行的一种线上便民缴费，使用线上缴费渠道的客户必须具备上网条件，对互联网熟悉，拥有互联网支付工具账户或者拥有电子银行使用权限。而最为典型的就是现有的"线上终端自助缴费",下面将通过重要合作、关键技术、价值主张、客户关系、客户细分、成本结构和收入来源七个要素结构来分析"线上终端自助缴费"的商业模式。

(1) 渠道模式一:"线上终端自助缴费"适合网络支付习惯人群

"线上终端自助缴费"利用客户对网站的黏性和体验友好的优势,引导客户通过 PC 端或移动端,使用第三方支付平台完成便民缴费,以此来实现便民缴费服务。从移动端来看,线上终端自助缴费主要依靠移动设备,通过第三方支付平台等实现网上便民缴费。使用移动端缴费的优势在于不会受到区域和设备的影响,能够随时随地、高效快速地完成缴费,相比于 PC 端显得更为便利。从重要合作方面来看,线上终端自助缴费的资源主要有第三方支付平台(如支付宝、财付通、快钱、拉卡拉等)、电商平台(如淘宝、天猫、京东等)、银行电子平台(如网银、电话银行、手机银行、短信银行等),将平台雄厚的线上支付客户资源相结合,促进线上缴费快速发展。从关键技术来看,线上终端自助模式主要依赖于网络技术维护客户资源的稳定性以及通过互联网平台对客户资源规模不断地拓展。其主要的价值主张就是通过网络平台为便民缴费而服务。客户关系方面,线上终端自助模式主要服务的客群为线上用户,旨在更好地为线上客户资源提供服务以及对客户进行线上维护。而这种线上终端自助缴费模式主要依赖于合作网站的客户资源,因为网站的品牌效应会产生一大批网站黏性和体验感评价高的用户,这部分用户恰恰成了线上终端自助缴费模式的需求核心客户资源。而主要涉及的缴费方式就是 PC 端缴费、移动端缴费、电话缴费和短信缴费。该模式的主要成本就是依赖于流量导入和支付工具的服务费用,其收入通常是收取资源提供方的技术服务费,由于线上公司定位不同,服务费率为零,甚至部分活动期间补贴资源提供方(见表 2-24)。

表 2-24　　　　　　　　线上终端自助缴费要素结构

线上终端自助缴费模式				
重要合作	关键技术	价值主张	客户关系	客户细分
资源提供方，第三方支付平台、电商平台、银行电子平台	维护技术整体稳定以及拓宽资源来源	网上便民缴费服务	主要为线上客户服务以及客户维护	具备上网条件，对互联网熟悉，拥有互联网支付工具账户或者拥有电子银行使用权限的网民
成本结构	核心资源	缴费方式	收入来源	
流量导入成本、支付工具服务费用	对网站黏性和体验友好的用户	PC端 移动端 电话 短信	通常收取资源提供方的技术服务费；由于线上公司定位不同，服务费率为零，甚至部分活动期间补贴资源提供方	

资料来源：2016年《中国便民缴费产业白皮书》调研。

(2) 渠道模式二："线下网点代办"模式适合传统现金支付人群

线下缴费方式主要为物理网点的设置、银行代扣、银行自助终端和迷你自助终端。其中线下物理网点也称为线下网点代办模式，是缴费用户在线下将现金交予缴费平台运营商的自有网点或加盟网点，由网点内的工作人员对所缴费的账户进行缴费支付。网点安装有专业系统或程序，将其与平台公司的专业网络系统作连接，使缴费者可以一次性缴费。营业厅办理是最为传统的线下网点代办模式，主要是居民在缴费主管的分支机构进行缴费，如去移动营业厅充话费、去定点交费处交水电费，线下营业厅整体比较简单、传统。线下网点也有很多为个体经营，用户在支付缴费现金后，可能因为没有及时索要缴费凭证，存在线下经营者未向平台支付或下单办理的风险，或者出现信息输入错误的风险。虽然线上终端自助缴费模式发展速度非常快，但很多中老年群体以及对非接触方式支付仍抱有怀疑态度的青年人，拒绝通过线上支付的方式完成日常生活缴费，对传统的支付方式仍有一定需求。线下网点代办模式满足了这部分对线上缴费和网银支付持怀疑态度人群，使线下缴费渠道进一步便捷化。

线下网点代办模式是中国缴费行业目前线下缴费的重要渠道，其主要的合作伙伴包括各地区规模稍大的连锁便利店，此类便利店往往遍布于各地区人群聚集处，客户资源相对比较稳定，便利店作为零售企业本身就与居民生活息息相关，这样的合作伙伴为那些传统现金支付人群以及对网上支付工具或电子银行不信任人群的生活缴费提供了极大的便利性。从合作方角度来看，线下网点代办模式的主要合作方为市场上稍具规模的小型连锁超市和便利店等；其主要的技术就是对缴费平台和各线下网点进行维护，并且通过平台系统将各加盟网点相互连通，形成一个完整的便民缴费线下缴费网络。消费者在通过这种代办模式进行缴费时，需要在其周围各小型连锁超市和便利店等加盟者的店面由专门的人员来完成缴费，面向的客群大部分来自传统现金支付人群，并且对网上支付工具和电子银行等缺乏信任感的消费者，而这种模式主要的价值主张就是通过人工代理方式快速便利地完成缴费服务。便利店的收入来源主要是交易提成和进销差价，成本结构主要是平台开发维护和网点拓展维护（见表2-25）。

表2-25　　　　　　　线下网点代办模式的要素结构

线下网点代办模式				
重要合作	关键技术	价值主张	客户关系	客户细分
资源提供方，规模稍大的小型连锁便利店等	平台维护网点维护	人工代理完成便民缴费服务	品牌营销活动用户以及商家客服工作	传统现金支付人群，对网上支付工具或电子银行不信任的人群
成本结构	核心资源	缴费方式		收入来源
平台开发维护、网点拓展维护	平台系统加盟网点网络	小型连锁便利店或者零散店面加盟者		交易提成、进销差价

资料来源：2016年《中国便民缴费产业白皮书》调研。

（3）渠道模式三："线下设备自主缴费"模式适合银行卡支付人群

线下设备自主缴费也是目前中国线下自助缴费的重要渠道之一，其特点是通过自助缴费方式进行线下缴费，既解决了传统的物理缴费网点缴费手续烦琐、排队时间长等问题，又解决了持有银行卡但是对电子银行或者网上支付工具不信任的客户的缴费需求。线下设备自助模式主要的合作方为资源提供方和安放设备的经营方,如从事话费缴费的第三方平台公司和连锁便利店的运营公司以及社区物业等(见表2-26)。线下设备自助模式的关键技术是设备刷卡技术和设备的销售推广,核心资源是品牌信誉和合作渠道店的广泛分布以及设备的使用体验,收入来源是设备销售收入和交易提成,成本结构是设备生产、营销费用、渠道铺设费用。线下设备自助模式针对持有银行卡但是对电子银行或者网上支付工具不信任的消费者的客户细分,价值主张是通过刷银行卡完成便民缴费服务,客户关系主要是品牌营销活动用户以及商家客服工作。

表2-26　　　　　　　　线下设备自助模式的要素构成

线下设备自助模式				
重要合作	关键技术	价值主张	客户关系	客户细分
资源提供方和安放设备的经营方,如从事话费缴费的第三方平台公司和连锁便利店的运营公司	设备刷卡技术和设备的销售推广	刷银行卡完成便民缴费服务	品牌营销活动用户以及商家客服工作	持有银行卡但是对电子银行或者网上支付工具不信任的消费者
成本结构	核心资源		缴费方式	收入来源
设备生产、营销费用、渠道铺设费用	品牌信誉、合作渠道店的广泛分布以及设备的使用体验		小型连锁便利店或者零散店面加盟者	设备销售收入、交易提成

资料来源:2016年《中国便民缴费产业白皮书》调研。

多渠道联动化服务,客户体验无缝化对接

随着缴费渠道的丰富,单一渠道服务正逐渐向多渠道联动服务转变。这对整合渠道资源的能力提出了新要求,这些渠道将不只是线上和线下联动,也包括内部和外部的渠道联动。需要着力从全渠道发展的角度,结合渠道的比较优势,明确各渠道的差异化定位。而渠道功能可以细分为获取客户、销售、交易、体验。从渠道组合的角度,考虑各渠道在成本、便利性、互动性、信息完备性、易用性、安全保障、客户接触频次、新客户接触范围等方面有不同的表现，结合细分目标客群在选择渠道方面的差异化偏好，对渠道进行差异化定位，使各种渠道均能发挥所长，提升银行的综合渠道服务能力。需要打通渠道之间的藩篱，加快渠道协同的建设。推动银行内部渠道之间的信息共享，构建多渠道整合的客户信息视图。并且结合先进技术设备，进行业务流程重塑，实现多渠道客户体验的无缝对接。

2.3 2015年中国便民缴费行业规模分析

2.3.1 便民缴费行业业务市场规模变化

2015年中国生活缴费行业市场规模达到2.99万亿元，较上年同比增长8.73%，其中手机话费市场规模最大，达到0.96万亿元，电费市场规模第二大，达到0.58万亿元。便民缴费产业占全年GDP的比例由4.32%提升至4.42%，线上缴费规模占比由上年的42.91%增长到45.21%，线上缴费金额绝对值由1.18万亿元增长至1.35万亿元，增幅为14.41%。

从市场规模角度来看，整体业务量的市场规模呈现不同幅度的上涨，仅有交通罚款和固定电话费缴费业务下降。对2015年中国各项业务市场规模变化进行分析发现，由于移动电话的不断普及，中国固定电话年末用户数持续下降，2015年末总体数量为2.31亿户，比上年末减少8%，经调查数据测算，2015年固定电话市场规模较上年下降了6.47%。导致交通罚款下降的原因主要是由于新交通法规以及健康观念的改变，绿色出行成为社会发展的潮流，加之新交通法规对交通违规进行了新的定义，因此大家对于交通安全的重视度也逐渐上升，交通违章率下降导致交通罚款下降，经调查数据测算，2015年交通罚款市场规模较上年下降了4.56%。公交卡充值、网络宽带费、手机话费是增长最快的三个业务，分别增长了25.24%、10.94%、10.29%，公交卡充值增长是由于公交补贴政策改革，网络宽带费和手机话费增长主要是由于近几年互联网的不断普及和发展，大家对手机移动端与互联网终端的依赖度越来越强，导致支出有所增加。

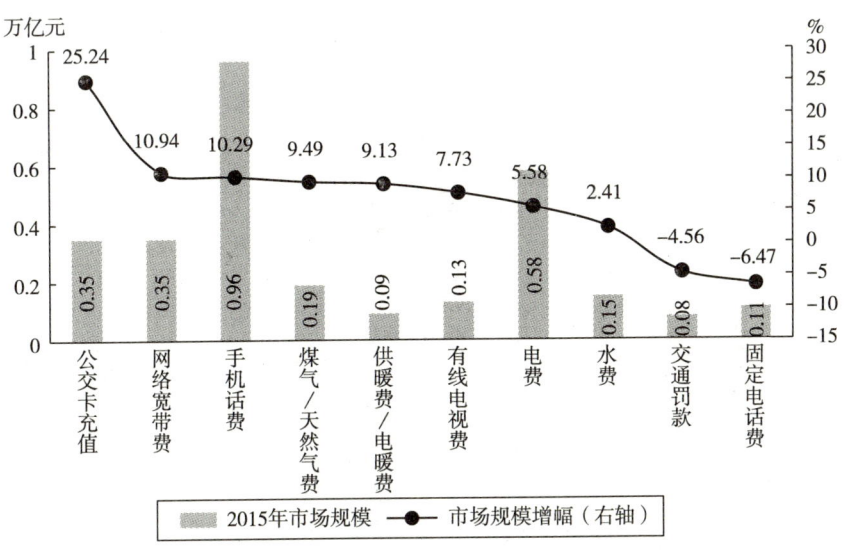

资料来源：2016年《中国便民缴费产业白皮书》调研。

图2-19　2015年中国各项业务市场规模变化分析

2.3.2　便民缴费行业人群规模变化

从人群规模的绝对值来看，手机话费人群规模最大，达到9.54亿人，2015年人群规模同比上涨10.29%，上涨了近1亿人；公交卡充值人群规模排名第二，达到5.87亿人；电费、网络宽带费和水费人群规模处于第二梯队，达到3.3亿~3.8亿人。从人群规模增长幅度来看，交通罚款的人群规模增长最快，同比增长25.76%，达到1.66亿人，交通罚款人群规模的增加与汽车保有量基数的增长以及公路总里程数的增加存在正相关关系；网络宽带费增长排名第二，同比增长16.4%，达到3.69亿人；有线电视费增长排名第三，同比增长13.79%，达到2.97亿人。同时可以看出水费和固定电话费的人群规模出现负增长现象，其中固定电话费人群规模负增长现象最为严重，而导致固定电话费人群规模下降的主要原因是由于近几年手机行业的快速发展。伴随着移动互联网的快速发展，手机已经成为人们生活和工作必不可少的工具之一，而且手机由于其使用的便利性和及时性，已经逐渐对传统固话市场进行了替代。

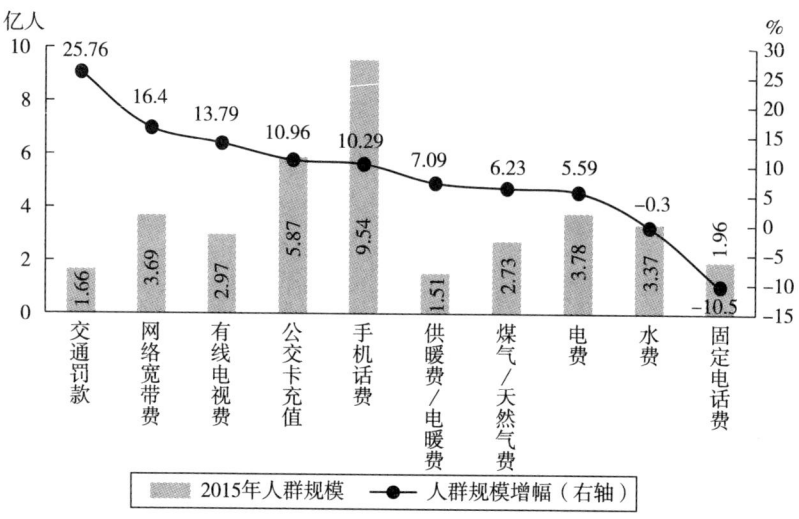

资料来源：2016年《中国便民缴费产业白皮书》调研。

图2-20　2015年中国各项业务人群规模变化分析

第二卷 消费者篇

第3章
消费者代际差异研究

中国新生代群体大量出现，各年龄层的新生代群体因为其独特的价值观念和差异明显的群体特征而受到了广泛关注。目前便民缴费行业覆盖的目标客户主要是60后、70后、80后、90后四个代际的群体，他们出生于不同的时代，由于中国经济的快速发展，导致其生长的环境和时代差异较大，从而造成各代际的人群特征不同，对新鲜事物的需求和接受度都存在较大差异。从便民缴费行业来看，不同代际间的便民缴费业务以及缴费渠道和缴费方式都存在一定差异。

3.1 消费者代际差异特征概述

在社会发展过程中，一代人和另外一代人受到的社会影响不同，特别是处于不同的成长阶段经历同样事情的感受和影响程度有较大差异，这就造成了同一家庭中父母、祖父母辈与儿女、孙子女辈在选择事物和评价事物上的差异，这种差异就被称做代际差异。人的价值观往往形成于青少年阶段，与青少年阶段的社会环境密切相关，社会环境在其成长阶段决定了个体的学习历程、社会角色、周边社会期望、理想生活方式等。成长阶段过后形成的世界观、人生观、价值观就会确立，并将深刻影响个人的生活方式和生活行为。中国社会从20世纪60年代到90年代发生了翻天覆地的变化，这些变化造成了60后、70后、80后、90后的代际差异。

3.1.1 不同代际差异特征

目前社会的核心是60后、70后、80后、90后这四类群体，他们成长于不同的年代，具有比较明显的代际差异，对便民缴费各种业务的渠道及方式的接受度和偏好都有着不同程度的差异，而对他们代际差异的研究对于便民缴费行业的未来发展方向意义重大。

保守、求实、节俭的60后

"60后"成长于中国社会大变革的时代背景下，他们出生的年代正值新中国最动荡的时期，他们幼年经历了文化大革命时期，青少年时经历了改革开放。正是因为他们完整经历了中国社会从贫穷落后到现在繁荣小康的全部历程，所以格外珍惜当前来之不易的富足生活。他们现在年龄较大，接近退休年龄，子女大多已经成家，没有过重的生活负担，主要的生活来源是自身收入和儿女们的赡养费用。在社会中处于相对边缘角色，消费能力普遍不高，生活中空闲时间较多，拥有少量闲散资金，对先进科学技术和产品的接受能力较差，购买追求实用，消费观念较为保守。

务实、进取、中坚的70后

"70后"出生于20世纪70年代，成长于中国社会迅速发展的初期阶段，伴随着改革开放的浪潮，正处于中国社会思想上、经济上、政治上跳跃式发展的时期，接受着计划经济的教育体制，却生活在市场经济的社会环境中。思想上保持传统却又不甘落后去追求时尚，能融入但不迷恋于网络，对网络的依赖程度较低。经济上经过了几十年的财富积累，拥有较高的经济实力和消费能力，消费最为理性和稳重，对资金的安全性要求较高。

革新、独立、理想的80后

"80后"出生于20世纪80年代，成长于经济和科技快速发展的时期，这一阶段中国城市面貌焕然一新，经济发展模式与城市化进程逐渐完善，市场化改革大刀阔斧地推进，社会竞争压力也不断提高。由于处在承前启后的特殊历史时期，这一阶段的人处于矛盾中，一方面怀念过去，虽然对社会的高速发展略感不适，但是拥有较大的理想和抱负。另一方面积极追求前卫与时尚，融入时代浪潮，喜欢追求物质享受。在经济上，生活负担相对较重。由于80后正处于事业的快速发展期，已经成为社会的主力军，他们的消费理念比较超前，倾向于超前消费，是中国消费的主力军。

轻松、时尚、社交的90后

"90后"出生于20世纪90年代，成长于中国社会发展模式相对成熟的时期，这一时期，社会快速发展，尤其是移动通信与互联网高速发展，社交网络深深影响着他们的生活。他们经历着电子产品和网络科技的快速更迭，享受着科技进步带来的各种生活便捷和轻松，他们思想活跃且独立，喜欢追求自由，乐于接受新鲜事物，对未来乐观。他们与之前的各代际群体不同，更加追求生活品位与质量，彻底摒弃传统的思想观念。但是目前经济独立能力相对较差，大多为刚刚踏入职场尚未有积蓄的大学生，正在日渐成为影响社会的重要力量。消费上，他们善于经营和管理自己的资金，有一定的理财意识，相对于传统的线下消费，他们更青睐于线上消费的便捷和实惠。

表3-1　　　　　　　　　　不同代际人群的代际差异特征

代际	思想、道德价值观	成长环境	心理特征	经济	观念
90后	思想上，追求自由和思想的独立性。道德上，不受传统道德标准的约束。行为上，追求时尚，交际能力强，性格活跃	互联网经济模式下，各种新型的科技产品进入生活中，社会发展速度加快，生活质量高	接受新鲜事物快，适应新环境能力强，爱独立思考，敢说敢做，受传统思维和习惯势力束缚较少	经济独立能力差，很大程度上需要依赖父辈经济帮助	对传统观念的批判性强烈，新社会观念影响巨大

续表

代际	思想、道德价值观	成长环境	心理特征	经济	观念
80后	思想上，逐渐开放，受传统观念约束较少。性情上，拥有一定的稳重性，成为当前社会发展的主力军	中国经济快速发展时期，受到社会新的潮流变化影响较大，逐渐开始追求更高的生活水准	作为社会发展的主力军，受到生活压力的影响，对于经济方面比较看重，将生活重心逐渐转移到家庭中去	自身经济已经基本独立，不需要依靠父辈帮助，并且已经拥有自己的家庭，开始对下一代进行经济支出	不习惯于传统观念的束缚，但又不惯新生代群体的激进行为，比较追求稳中求进
70后	重视传统观念，做事稳重，谨慎。生活中以简洁和实用为主，注重实际	多出生于改革开放前，对生活满足性较强	难以接受新鲜事物的发展，对新鲜事物的渴求性相对较差	基本能够满足自身家庭的经济支出	受传统观念、封建意识的束缚，容易保守
60后	思想比较保守，重视传统道德标准，做事沉着稳重，注重实际，对生活容易感到满足	父母多生于新中国成立前，经历过大的社会变革	对家庭和睦和亲情的渴望度较强，不愿意过多接受新鲜事物	主要依赖于自身收入和子女的赡养	受传统观念、封建意识的束缚，容易保守，思想固执

资料来源：2016年《中国便民缴费产业白皮书》调研。

3.1.2 不同代际金融消费差异

中国自改革开放以来，社会环境发生了急剧变化，人民生活水平日益提高。新的消费风潮引领着不同时期的人群，由于各年龄阶层的人群收入水平、消费观念的不同，导致其消费方式和消费内容都存在较大差异。

60后和70后消费保守，80后和90后消费冲动

60后和70后年龄稍大，在家庭结构中子女多已成家立业，很多已经处于爷爷奶奶角色，工作相对轻闲。经济压力普遍已经较小，自身收入和子女赡养基本可以保障生活，由于经济独立时间长，拥有一定的积蓄。但是他们的消费观念普遍较为传统，消费习惯稳定，消费行为理智，不愿意尝试新事物。80后与90后的经济独立时间较短，但多数已经开始有较为稳定的收入，其消费观念较为前卫，追求时尚和新潮，突出个性，消费冲动型较强，容易发生不理智的消费行为。

60后和70后消费偏爱线下，80后和90后消费偏爱线上

60后和70后成长的时期还没有互联网，很多是在其子女的引导下逐渐接触互联网，对互联网的功能和使用操作不熟悉，特别是对互联网的资金安全性信心不足，因此消费更偏爱于线下选购和支付。80后与90后接触互联网较早，不仅对PC互联网操作熟练，对移动互联网新功能也是首先尝试，他们很早就开始网络购物，享受到了网络购物的价格优惠和方便快捷后，不再喜欢线下购买。互联网消费满足了80后和90后追求时尚的消费心理，也在一定程度上缓解了其收入较低的问题。与此同时，越来越普及的O2O新型电商模式也在一定程度上满足了80后与90后自由时间较少的困境，解决了工作与购物、就餐等在时间上的冲突。80后与90后的购物、订餐、娱乐等各种消费都强依赖于互联网，因此在这一群体中"宅"成为一种文化，即能不出门就不出门，没有人打扰，也不用看人脸色，联上网络就一切都有，这是新生代在互联网消费文化发展到一定水平后出现的一种新文化现象。

60后与70后理财安全第一，80后和90后理财收益为先

60后与70后的经济压力相对较小，长期的工作积蓄使其拥有了一笔较可观的闲散资金。由于年龄增长，他们的理财在安全性和保障性方面考虑较多，强制储蓄是他们的习惯，从商业保险购买情况中也可以看出，60后与70后占据了整体的较大份额，风险较小的投资项目受到了60后与70后的喜爱。80后和90后，事业处于转折关键期和起步期，今后还要面临结婚生子、买房等问题，已有家庭的也面临着父母赡养、买房换房、买车换车、孩子抚养等问题，他们逐渐成为家族顶梁柱。他们对通货膨胀有比较切身的感觉，为抗通胀不喜欢把钱放到定期存款中，一些新型的理财产品受到青睐，如货币型基金。由于他们积蓄的资金相对较少，愿意和敢于尝试没有投资门槛的股票和P2P理财，他们更看重理财的收益，愿意为高收益承担一定的风险。

3.1.3 不同代际互联网使用差异

互联网已经逐渐成为了现代人生活中必不可少的一项内容。纵观互联网在中国发展的二十多年，互联网已经从最初的窄众使用群体扩展到大众使用群体，使用者覆盖了各个年龄层次。根据中国互联网信息中心数据，截至2016年6月，中国网民以10～39岁的群体为主，占整体的74.7%，其中20～29岁年龄段的网民占比最高，达30.4%，10～19岁、30～39岁群体占比分别为20.1%、24.2%。整体来说，网民数量与网民年龄成反比，互联网的主要使用人群是文化程度与学历较高的年轻人。60后、70后对互联网的接触时间较晚，接受频率较低，整体的文化水平较低，对互联网的操作较为陌生和困难，而对于80后、90后来说，从互联网的使用上来说没有难度，善于使用互联网为其提供便捷的服务。同时，各年龄层互联网使用者的使用习惯也有差异。

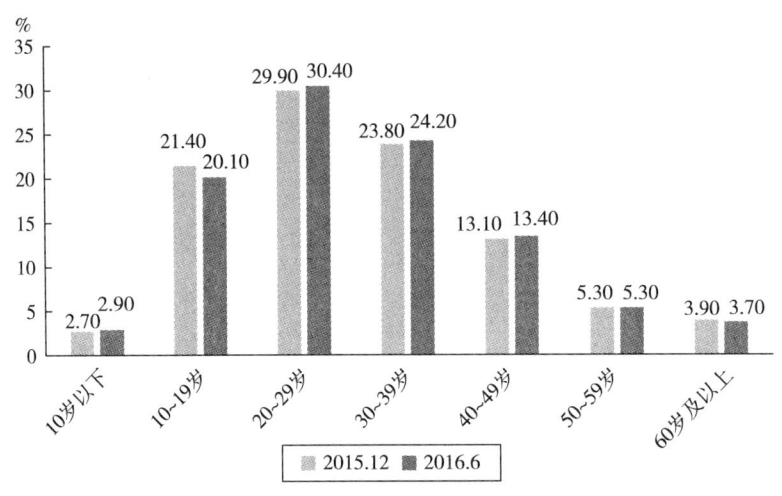

资料来源：CNNIC中国互联网络发展统计调查。

图3-1 中国网民年龄结构

60 后与 70 后爱白天网上冲浪，80 后与 90 后喜欢做"夜猫子"

60 后、70 后喜欢白天网上冲浪，80 后、90 后喜欢在晚上享受网络世界。60 后与 70 后白天上网的比例明显高于 80 后和 90 后，而 80 后和 90 后的上网高峰期是晚上 8 点到午夜之间。60 后和 70 后年龄偏大，视力方面容易受老花眼等影响，使用手机上网近距离阅读或使用时间过长眼睛容易出现模糊、疲劳、酸胀和干涩等症状，因此白天在 PC 端上网的比例更高一些。4G 网络与智能手机的普及为 80 后和 90 后享受网络服务提供了便利，方便小巧的智能手机成了 80 后和 90 后满足网络需求的新宠儿。

60 后与 70 后"爱议政"，80 后与 90 后"爱晒爱购"

60 后与 70 后，相对更加关心公共议题，他们在使用互联网之前多已完成人生学习阶段，形成了比较固定的价值观和人生观，互联网是他们了解社会新闻和表达观点的新平台；80 后和 90 后更关注个体生活，更加"爱晒爱购"。网络社交和网络购物是 80 后上网的主要需求，90 后的网络服务需求更加多样化。80 后正处于事业上升期，工作繁忙而无暇进行线下购物，网络社交也方便了 80 后在生活、工作中的交流和联系。90 后的网络服务需求相对广阔得多，社交、视频、购物、游戏都是 90 后偏好的网络服务，综合来看，网络服务的娱乐性是 90 后追求网络服务的首选。随着智能手机的普及，手机的上网功能越来越完善并且方便携带，能够随时随地享受网络服务，为 80 后和 90 后在公交车、地铁中枯燥的路程增添了乐趣。

3.2　便民缴费行业的消费者代际差异

不同代际在便民缴费行业的缴费业务和缴费渠道及方式选择方面也体现出比较明显的代际差异。

3.2.1　80 后成为便民缴费的主要受益群体

行业调研数据显示，便民缴费行业中，主要的缴费渠道分为三种，分别为线上、线下和既有线上又有线下。从缴费渠道方面来看,各年龄段人群线上与线下缴费渠道都在使用,主要原因是由于目前线上缴费渠道尚不完善,部分缴费业务仍需要线下完成。80后和90后两种缴费方式的使用比例都高于70后与60后,主要原因是由于80后目前正处于家庭发展阶段,多数80后已经组建家庭,购买住房,而家庭性的生活支出占比较大,各方面的费用支出较多。90后作为社会发展的次主力军,尤其是刚毕业的大学生占比较大,生活压力相对较小,但是在缴费方式和渠道的选择上受到缴费业务的局限,不得不选择两种方式同时使用。相比于其他缴费渠道,在可选择性方面,80后和90后对于线上缴费的使用比例相比要高于70后和60后。主要原因是由于70后已经步入中年,更加关注家庭以及子女,相对地,事业已经趋于成熟阶段,有较充裕的闲余时间,部分70后对新事物的接受度降低导致70后缴费的渠道和方式以线下为主。60后比较特殊,该群体年龄偏大,群体自身对线上缴费渠道本就缺乏使用度,再加上自身对新事物的接受度差有时甚至有一定的排斥性等因素,所以绝大多数的生活缴费都需要线下来完成。

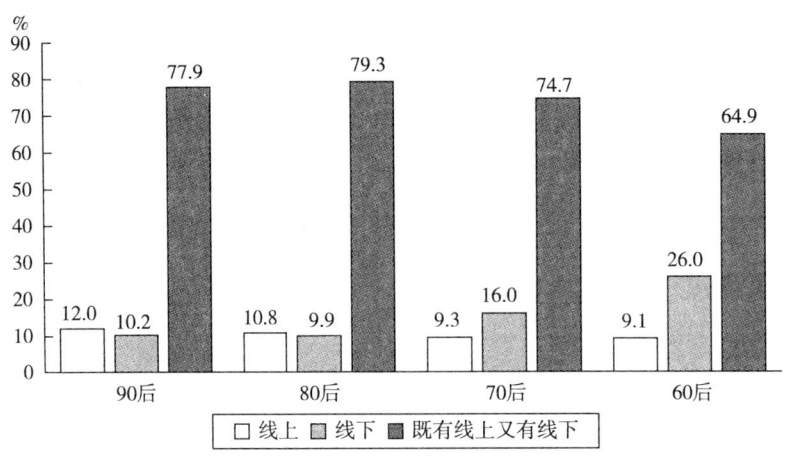

资料来源:2016年《中国便民缴费产业白皮书》调研。

图3-2 不同年龄段人群选择缴费渠道差异

3.2.2 缴费差异：90后社交缴费多，70后、60后家庭缴费多

从缴费业务的角度出发，根据行业数据比较发现，90后对社交方面的关注度更高，反观70后与60后对家庭消耗方面的关注度更高。究其原因，主要是由于90后的消费者与70后和60后的消费者所经历的社会发展与生活环境存在差异造成的。90后作为社会新生代的消费者，成长阶段正是中国互联网经济和社交网络飞速发展的时期，90后在成长阶段不断接受新的社会环境和科学技术，他们对新鲜事物的好奇度与依赖程度远远大于其他年龄段人群。90后对手机强依赖，所以手机话费缴费高于其他群体。而60后、70后以事业和家庭为重心，所以水费、电费、供暖费等家庭支出最高。

通过对便民缴费行业的消费者代价差异研究发现，80后与90后消费者对线上缴费的接受度与依赖度相对高于60后和70后，主要原因在于70后和60后的出生时代多为解放初期和文革时期，受到中国传统文化和思维的影响相对比较严重，在新鲜事物的接受度上明显较低。另外，由于生活环境和习惯的差异性，60后与70后对生活类的水、电等基本业务依赖性较强，主要倾向于家庭生活类需求。反观80后和90后，这两个群体消费者出生于经济社会发展阶段，其生活习惯和认知度受到国内经济快速发展的潮流影响，对新鲜事物的渴求度较高，并且使用率也优于70后和60后。90后在缴费业务需求上对网络和电的需求度偏高，这也从侧面说明了90后作为新的社会发展主力军，在未来社会发展中，将会成为新的互联网与科技发展的最先受用者，也意味着未来便民缴费行业发展的主要受益者会向90后和80后倾斜。

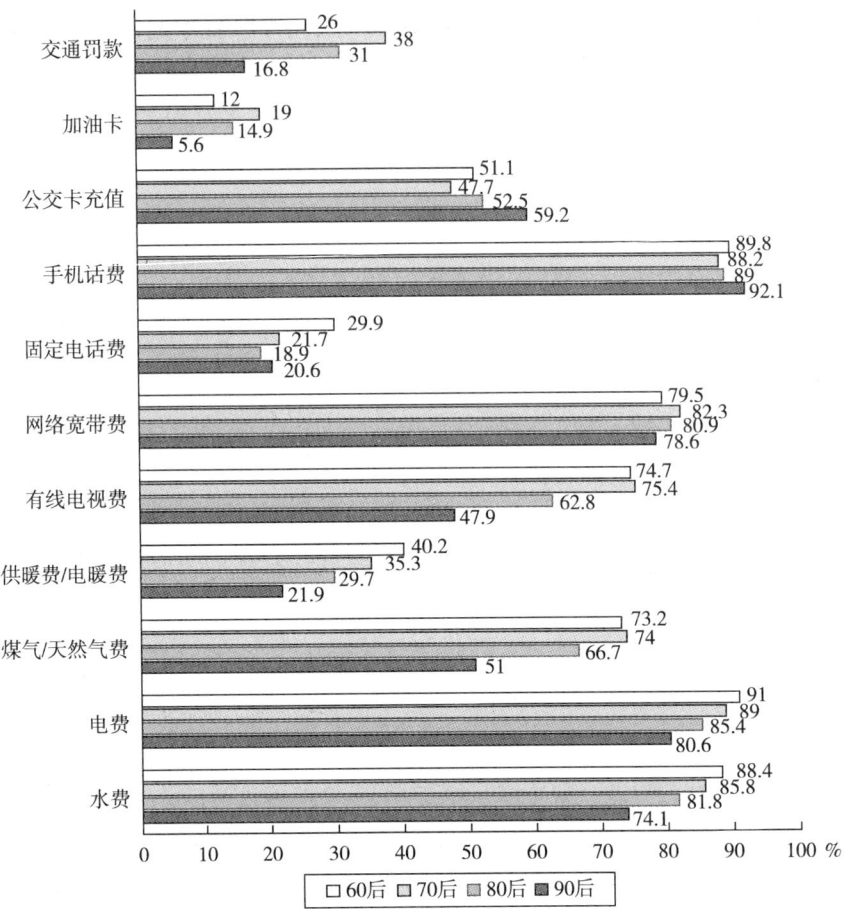

资料来源：2016年《中国便民缴费产业白皮书》调研。

图3-3 不同年龄段缴费业务差异

第4章
中国便民缴费行业消费者研究

在本次研究的过程中，我们通过对消费者的研究来了解消费者对便民缴费这一行业的看法和建议，从中可以了解到消费者缴费过程中的整体满意情况和消费者的缴费行为习惯，以及消费者自身的选择偏好。

4.1 消费者满意度

便民缴费行业的消费者满意度高低决定着行业未来发展的方向与路线，通过对消费者满意度进行分析，了解目前便民缴费行业消费者的满意度情况，并对消费者不满意的原因进行探析，为便民缴费行业未来发展提供更好的帮助。

4.1.1 综合评价：客户基本满意，流程、服务可精益求精

从对消费者满意度的研究可以看出，消费者整体还是比较满意的（整体得分74.7分），其中80后满意度最高，60后满意度最低，缴费的流程和服务需要更加精益求精，才能为更多的人带来更优质的服务体验。

对便民缴费过程的各项指标进行分析之后，挑选出评价分数不高的指标，着重对不满意原因进行详细分析研究。发现消费者在缴

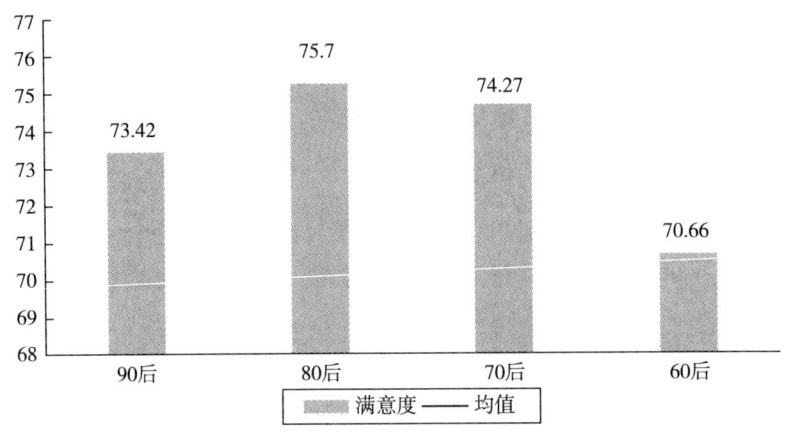

资料来源：2016年《中国便民缴费产业白皮书》调研。

图4-1 便民缴费行业消费者整体满意度

费过程中不满意的原因有5类，分别为办理流程、网点人员服务、费用、缴费方式和缴费网络。通过对这5类进行细化，得出不满意原因：第一，在办理流程方面，消费者认为办理流程烦琐且缴费不便，主要是由于网点缴费受到工作人员效率和业务操作的限制，办理缴费过程缓慢，缴费人群较多，需要耗费大量时间排队等候。由于网点数量较少，消费者往往需要带着各种缴费卡和单据去固定的网点完成缴费，其间耗费大量人力、物力和时间。第二，在网点人员服务方面，消费者认为网点人员办理效率低和网点人员服务态度不好是主要原因。国内很多缴费网点工作人员的工作效率低下，并存在部分业务办理人员工作态度差，消费者在缴费过程中受到工作人员的态度影响大。第三，在费用方面，消费者也进行了吐槽，他们认为部分业务费用收取的金额较高，而且费用收取标准不透明，消费者无法详细了解业务缴费标准，自身资金无故增加。同时部分业务存在乱收费现象，为不影响正常生活，不得不承担相关费用。第四，在缴费方式方面，消费者也有不满意，他们认为缴费方式单一、部分业务不能在线上缴纳和缺少一个覆盖所有缴费业务的综合性平台。第五，在缴费网络方面，消费者认为线上缴费网络不稳定且经常出现系统故障。

第4章 中国便民缴费行业消费者研究

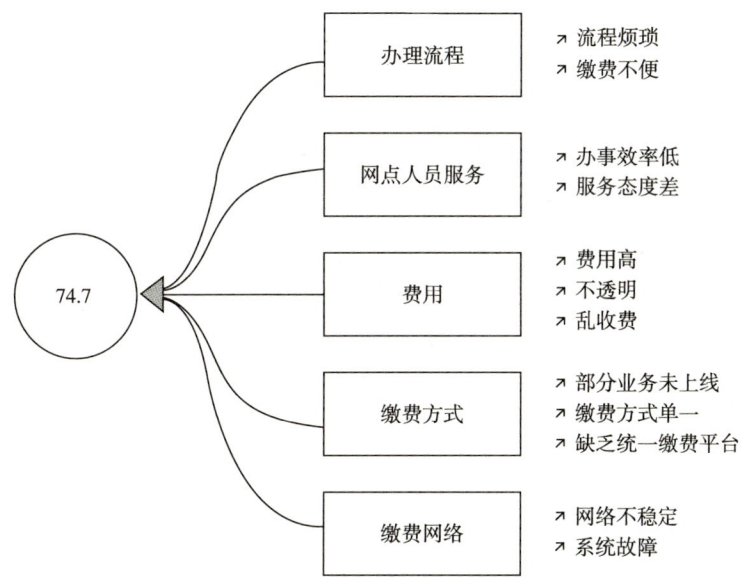

资料来源：2016年《中国便民缴费产业白皮书》调研。

图4-2 综合评价低评分原因分析

总体来看，对办理流程不满意的消费者高达38.97%，流程烦琐、缴费麻烦在所有不满意的原因中被提到的次数最多。网点人员服务是引起不满的第二大因素（占比25.13%），这些不满主要体现在办理效率低、服务态度不好上。对费用吐槽的消费者也不在少数，达到18.67%，主要痛点在费用金额高、费用收取标准不透明、存在乱收费现象上。对缴费方式不满的客户有15.66%，这些客户的痛点主要表现在缴费方式单一、部分业务尚不能在线上缴纳、缺少一个覆盖所有缴费业务的综合平台三个方面。另外，有小部分人表示，线上缴费网络不稳定和系统故障是导致不满的主要因素。在便民缴费的过程中，还存在着一系列问题仍待改善，消费者虽然整体基本满意便民缴费服务，但是便民缴费行业还有很大的发展空间，在流程和服务等方面，还需要进一步改善，以便带来更为便利的缴费体验和感受。

93

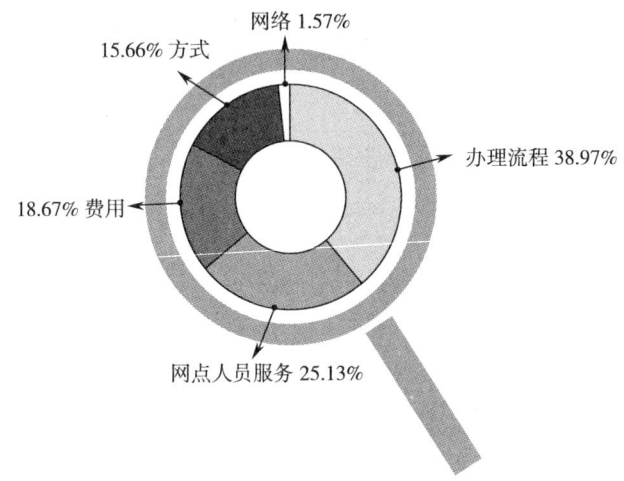

资料来源：2016年《中国便民缴费产业白皮书》调研。

图4-3 便民缴费过程消费者不满意原因

4.1.2 原因探寻：流程多不满，60后看价格、90后重服务

从消费者对便民缴费的满意度评价中可以得到，消费者对便民缴费不满意的指标为5类，为了能够更为详细地分析不同人群对便民缴费的满意度差异，分别从性别、职业、学历、收入和代际差异等方面进行详细分析研究。结果显示，性别、职业、学历和收入在便民缴费的满意度情况方面没有明显差异。但是，在代际方面，不同年代的人群对便民缴费的满意度情况具有明显差异，且不满意原因也有所不同。

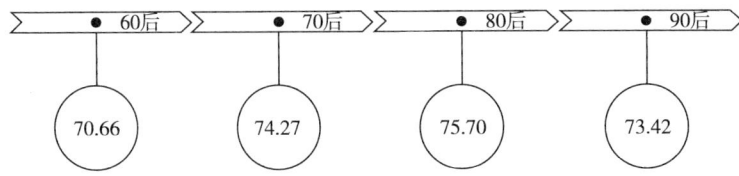

资料来源：2016年《中国便民缴费产业白皮书》调研。

图4-4 代际分布满意度评分

在对代际分布进行分析时,主要是对 60 后、70 后、80 后和 90 后人群进行分析研究。如图 4-4 所示,在不同代际中,60 后和 90 后打的分数是较低的。而在分析具体的不满意原因时,如图 4-5、图 4-6、图 4-7、图 4-8 所示,可以看出,无论哪个代际的人,都对办理流程感觉不满意,且是首要因素,而其他因素则根据不同代际的分布体现出不同的占比情况。60 后对便民缴费不满意的原因方面,费用是除办理流程外的首要因素,其次是对服务、缴费方式和缴费网络的不满意,造成这一现象的原因是由于 60 后的生活环境使他们对金额具有较高的敏感度,而且他们的消费理念相比于当今的时代发展以及通货膨胀感知还具有一定的滞后,并且在当今时代发展的浪潮下,他们对新型的自助缴费机以及网络缴费缺乏一定的安全感和信任感;90 后对便民缴费不满意的原因方面,服务成了除办理流程外不能忍受的首要因素,造成这一现象的原因是由于 90 后的生活环境使他们尽可能地去追求极致体验和极简主义,这就会使他们对服务有更多的要求,便民缴费行业较难跟上他们的服务理念,而且 90 后与互联网的成长相辅相成,这在一定程度上减少了他们在网络缴费上存在的问题和困扰。与 60 后、90 后不同的是,70 后和 80 后在便民缴费不满意的原因方面,并没有较大的差异,办理流程和服务都是他们不满意的第一、第二因素,但在第三和第四因素方面,70 后和 80 后存在一些差异,70 后的第三和第四不满意原因分别为缴费方式和费用,而 80 后的第三和第四不满意原因分别为费用和缴费方式。

从便民缴费不满意的原因中发现,不同代际的消费者差异化明显。着重在于 60 后和 90 后人群,他们在第二不满意因素方面具有较大的差异,这是由他们所生活的环境影响所造成的。60 后和 70 后群体年龄较大,所以其在缴费不满意原因中,对流程的不满意度最强,该类群体年事较高,对相关业务办理的需求以及便捷度要求较高,而网点办理烦琐的流程往往需要该类人群耗费大量的时间和精力。反观 80 后和 90 后,他们作为当今社会的主力军和次主力军,对缴费过程的流程关注度虽高,但是略弱于 60 后和 70 后。但是在服务方面的不满意程度明显高于 60 后和 70 后,主要原因在于 80 后和 90 后是年轻群体,在行动与认知上要强于 60 后和 70 后,他们对缴费过程的服务要求相对较高,所以在出现网点工作人员服务态度较差的情况时,不满意自然就较为严重。综上所述,不满意原因整体上主要在办理流程方面,同时 60 后明显重价格而 90 后明显重服务。

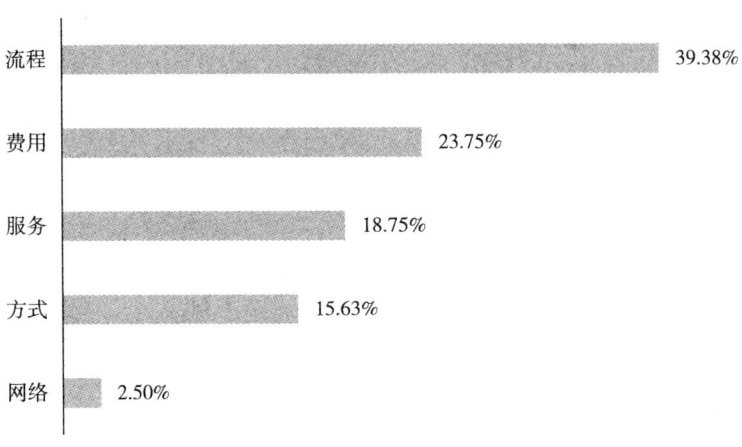

资料来源:2016 年《中国便民缴费产业白皮书》调研。

图 4-5　60 后便民缴费不满意原因

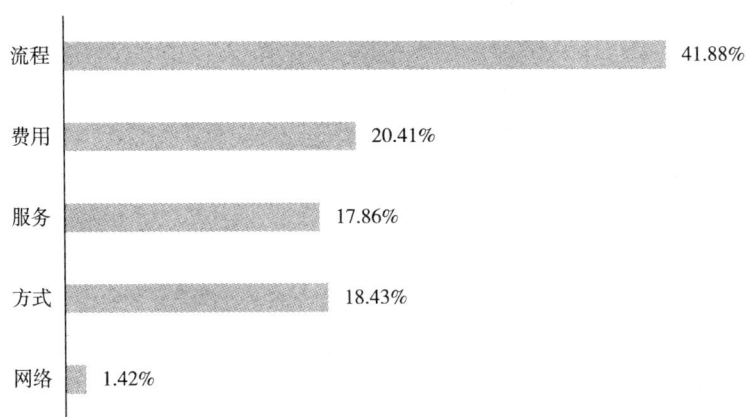

资料来源:2016 年《中国便民缴费产业白皮书》调研。

图 4-6　70 后便民缴费不满意原因

第4章 中国便民缴费行业消费者研究

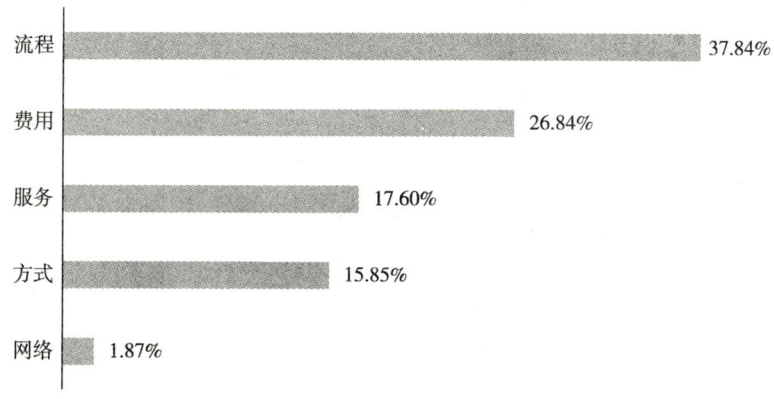

资料来源：2016年《中国便民缴费产业白皮书》调研。

图4-7 80后便民缴费不满意原因

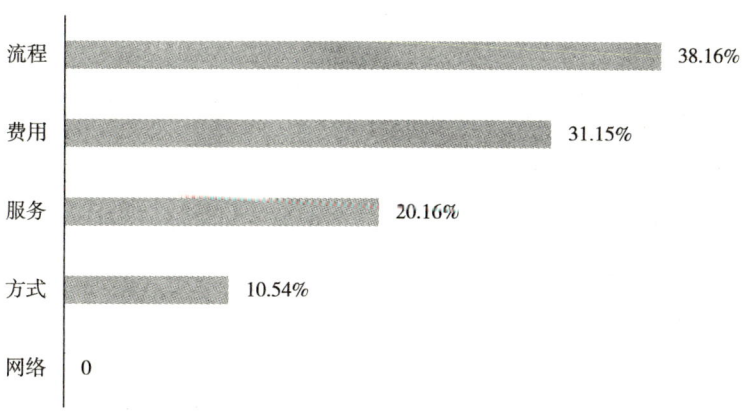

资料来源：2016年《中国便民缴费产业白皮书》调研。

图4-8 90后便民缴费不满意原因

整体来看，消费者对便民缴费行业的缴费方式、费用、缴费网络基本满意。但是对流程和服务满意度评价偏低，主要原因是由于消费者在进行缴费的过程中，部分业务的缴费流程烦琐，占用消费者大量的时间、人力和物力，给消费者缴费造成了一定的困扰。其次是在服务方面，目前消费者缴费主要使用

97

线下缴费的方式和渠道完成,但是由于线下缴费的网点人员服务态度差、效率低以及收费指标不明确等,导致消费者在进行线下缴费的过程中,消费体验较差。

4.2 消费者缴费行为及习惯

消费者的缴费行为和习惯对于便民缴费行业更好地服务消费者具有重要的意义。通过对不同年龄段的客群缴费习惯以及他们对缴费时间、缴费渠道和缴费方式的选择差异进行分析,了解他们在缴费行为上的差异和缴费习惯的特征,为便民缴费更好地服务大众打下坚实的基础。

4.2.1 郁闷场景:60后、70后烦停电,80后、90后怕断网

消费者缴费行为及习惯方面,不同代际的消费者同样存在着明显的差异,尤其是60后、70后与80后、90后之间的代际差异是最为明显的。在对消费者缴费行为及习惯进行分析时,主要从缴费账单丢失、缴费需找纸质账单、忘缴费而突然停电、出差忘缴费被停用、忘缴费而电视停用、忘缴宽带费而断网、汽车行驶途中没油、出差途中手机停机、公交卡忘续费不能用、忘缴交通罚款被扣分、忘缴物业费而引起物业公司不满和ETC卡未圈存操作无法使用等方面分析,发现不同代际的消费者在这些方面的偏好程度有所不同。如图4-9所示,对于60后和70后的消费者来说,他们最郁闷的就是忘记缴费而造成的突然停电;而对于80后和90后的消费者来说,他们最郁闷的就是忘记缴宽带费而造成的断网。究其原因,是由于60后、70后消费者和80后、90后消费者所生活环境的不同,以及各自的追求有所差异,使他们展现出不同的表现。60后和70后的消费者没有接触过多的网络信息,他们生活的时代接触最多的是电视之类的产品。因此,导致他们这类人群对电的需求度最大;而对于80后和90后的消费者来说,他们从改革开放之后就逐渐接触新鲜事物,随

着互联网的引进，又最早接触到互联网的相关产品，因此，他们对网络的依赖性远远大于对电的依赖性。

不同代际的消费者对于便民缴费的缴费行为和习惯差异性明显，主要表现为60后和70后的消费者怕停电，而80后和90后的消费者怕断网。因此，缴费行业需要根据不同的人群特征，制定不同的缴费策略，以此来达到长期发展的目标。

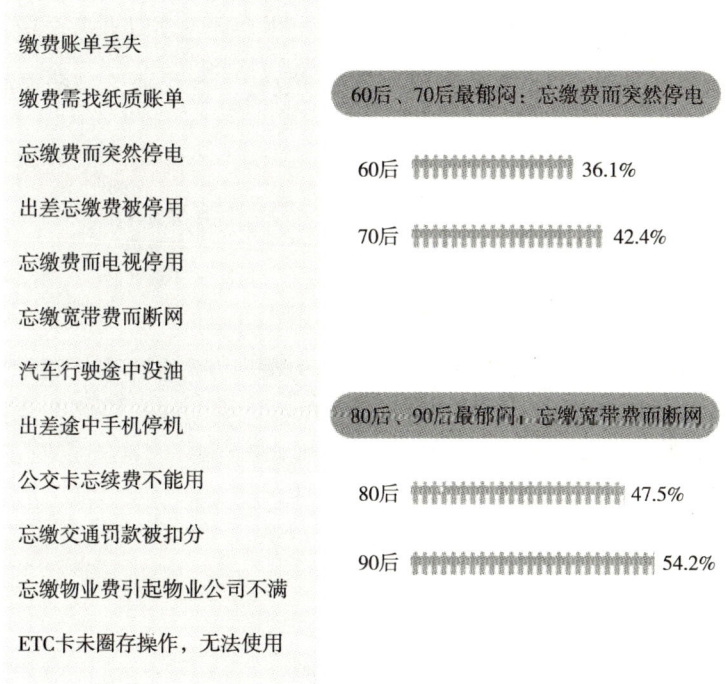

资料来源：2016年《中国便民缴费产业白皮书》调研。

图4-9 不同代际消费郁闷场景分析

4.2.2 缴费困扰：业务覆盖率低、体验不佳成为核心困扰

在消费者缴费的过程中，不仅仅存在着令人郁闷的场景，目前存在的缴费

困扰也深深影响着人们的缴费心情。本次分析研究把对消费者造成的缴费困扰进行了整理归纳，主要分为三个维度，即线上缴费困扰、线下缴费困扰和其他缴费困扰。如图4-10所示，对这三个维度进行细致分析整理，将每一个维度分为不同方面，其主要体现在可操作性、知晓度、安全性、设备故障、网点排队、渠道单一、缴费查询、业务单一和不够智能等方面。通过对不同缴费方式困扰进一步细化，线上缴费困扰又分为线上缴费平台操作复杂、新的缴费渠道无人告知和线上渠道安全性无法保证；线下缴费困扰又分为自助终端经常出现故障、网点经常要排队、缴费渠道单一和线上平台无法实现业务全覆盖；其他缴费困扰又分为历史记录查询难、缺乏统一缴费平台和缺乏缴费提醒与查询功能。

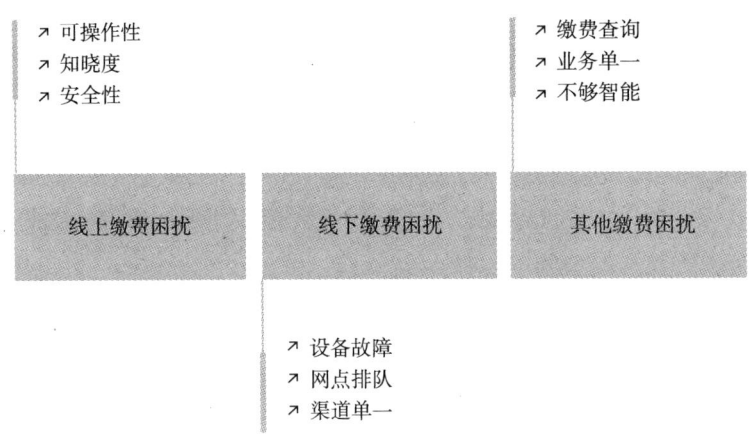

资料来源：2016年《中国便民缴费产业白皮书》调研。

图4-10 便民缴费行业缴费困扰

在缴费困扰方面，如图4-11所示，消费者认为在网点经常要排队等候是最大的缴费困扰；其次是缺乏综合性的缴费平台和线上渠道无法全覆盖；最后是缴费渠道不够智能化，缴费提醒和查询功能则主要体现在缴费智能化方面的要求以及渴望。从便民缴费这一行业总体来说，消费者所看中的主要体现在用户体验更佳、业务覆盖面更广、服务价格更透明和具有稳定性更高的平台。造成缴费困扰的主要原因是由于消费者体验不佳和缴费行业业务覆盖率低等原因。

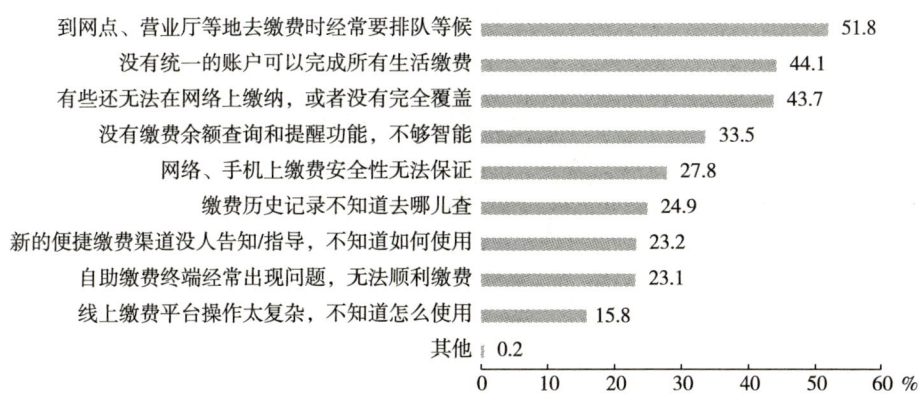

资料来源：2016年《中国便民缴费产业白皮书》调研。

图4-11 缴费困扰因素分析

4.2.3 缴费时间：无固定缴费日，朝十晚四活跃人群最多

消费者在便民缴费方面的行为和习惯，除了体现在缴费郁闷场景和缴费困扰方面，还体现在消费者缴费时间安排方面。在对缴费时间方面进行分析时，主要针对工作日和全天24小时时间段进行分析，并以此来分析不同时间段的消费者的缴费情况。

通过对缴费日的分析，如图4-12所示，可以看到绝大多数的消费者没有在固定日进行缴费，并且工作日和周末缴费的消费者并没有较大差异。而在缴费时间段的分析中，可以看出消费者在全天24小时中的任意时间都存在缴费情况，没有明显的固定时间段。从时间段来看，如图4-13和图4-14所示，0：00到16：00为缴费高峰期。虽然工作日和周末拥有相同的缴费高峰期，都是在10：00到16：00之间，但明显不同的是，周末的消费者在10：00到13：00之间的人流量高于工作日的人流量，而工作日的消费者在13：00到

16：00 之间的人流量高于周末的人流量。明显的不同还体现在工作日的消费者在 7：00 到 10：00 之间的人流量高于周末的人流量，但是周末的消费者在 16：00 到 19：00 之间的人流量高于工作日的人流量。

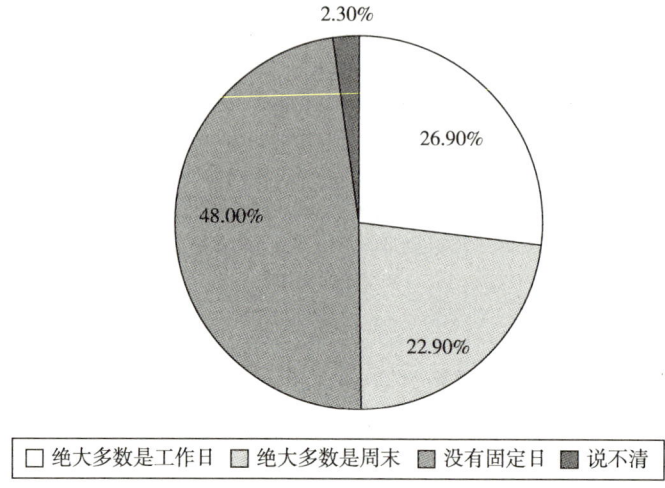

资料来源：2016 年《中国便民缴费产业白皮书》调研。

图 4-12　总体缴费时间分布

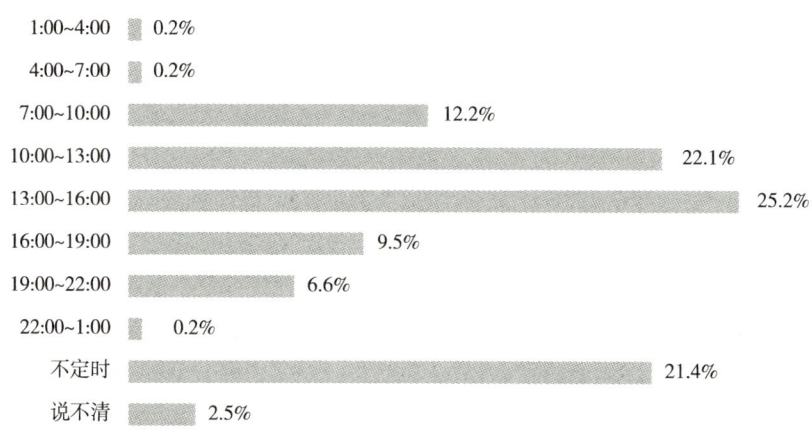

资料来源：2016 年《中国便民缴费产业白皮书》调研。

图 4-13　缴费时间段分析

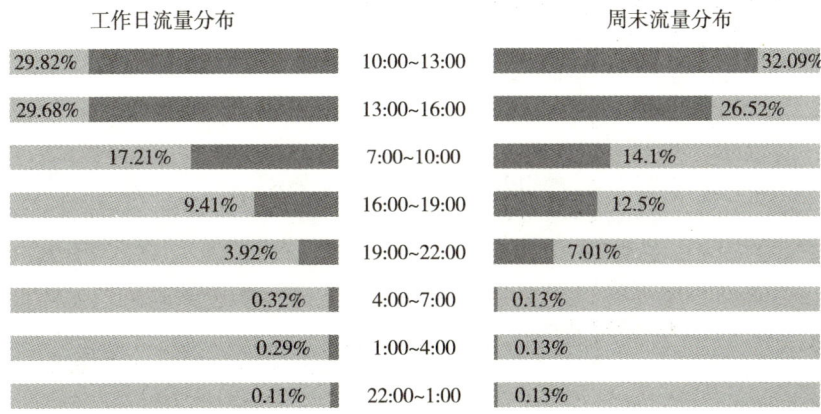

资料来源：2016年《中国便民缴费产业白皮书》调研。

图4-14 工作日与周末流量分布对比

综上所述，消费者在缴费时间方面没有固定的缴费日和缴费时间，但是10：00到16：00这一时间段活跃的人最多。这就需要缴费机构根据不同的时间段合理安排适合的人员数量进行上岗工作，以期达到最优的服务标准，为更多的消费者提供更优质的服务。

4.2.4 缴费渠道和方式：渠道选择线上化趋势，方式以物理网点为主

通过对消费者在便民缴费过程中的缴费渠道和缴费方式进行分析发现，消费者在选择缴费的渠道时，有39.2%的消费者偏向于选择到收费单位指定营业厅缴费。从中国的实际市场情况出发分析，生活类的必要性支出缴费由于受到各业务行业的垄断特性影响，消费者在使用后受到一定强制性，不得不去收费单位指定的营业厅去完成缴费，这也是造成收费网点消费者选择比例高的原因。如图4-15所示，在消费者缴费渠道排名中，第三方支付平台和银行电子平台所占比例较高，分别排名第二和第三，这也说明消费者在选择缴费渠道的过程中，逐渐向线上化发展，线上缴费比例将会逐渐增长。

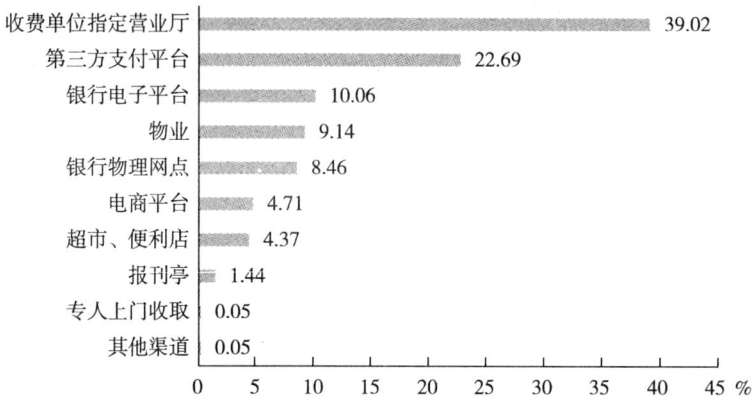

资料来源：2016 年《中国便民缴费产业白皮书》调研。

图 4-15　消费者缴费渠道选择偏好

从消费者缴费方式的选择偏好来看，如图 4-16 所示，首选的是物理网点柜台缴费方式，占比 49.62%，接近整体的 1/2。所以说物理网点缴费方式是消费者最为偏好的缴费方式。而相对于其他缴费方式，消费者更加偏好于移动端、PC 端缴费，这样的缴费方式既便捷又能够为消费者节约大量的时间，因此受到消费者的青睐。总体来看，消费者在缴费渠道选择上有较明显的线上化趋势，缴费方式选择上因为受到各业务的市场情况影响以物理网点柜台为主。

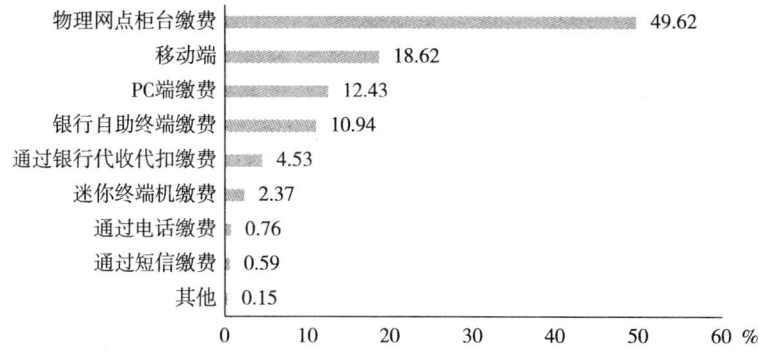

资料来源：2016 年《中国便民缴费产业白皮书》调研。

图 4-16　消费者缴费方式选择偏好

4.3 消费者选择与偏好

便民缴费选择与偏好分析采用的是聚类分析方法，对所有样本进行聚类分析，再根据不同的分类特征最终确定不同消费者的缴费选择与偏好。

4.3.1 便民缴费消费者可聚类分为五大族群

对所有样本根据最喜欢的支付方式，以及人口特征和收入水平进行聚类分析，根据其聚类的最终结果，可以把便民缴费消费者分为五大族群，分别为安逸夕阳族、辣奢多金族、奔奔白领族、新鲜乐活族和夹心主妇族。

不同的族群具有不同的群体特征。安逸夕阳族，便民缴费消费者主要以55岁以上的女性为主，其具有以下特征：月收入通常在3000元以下、退休在家，闲暇时间多、消费理念传统，对以互联网为主的新型缴费方式认知低和最喜欢现金支付；辣奢多金族，便民缴费消费者主要以70后中的男性为主，其具有以下特征：高收入群体、事业颇有成就，社会地位高、注重生活品质，享受社会认同和自我认同、最喜欢刷卡支付；奔奔白领族，便民缴费消费者主要以男性为主，其中以80后为主，还有少量的90后，其具有以下特征：中产阶级、社会中坚力量，新一代社会生力军、PC活跃用户群体和最喜欢网上支付；新鲜乐活族，便民缴费消费者主要以男性为主，其中以90后为主，还有少量80后，其具有以下特征：初入职场，本科及以上学历、广泛接触信息，乐于与人分享、移动互联网活跃群体和最喜欢手机支付；夹心主妇族，便民缴费消费者主要以70后的女性为主，其具有以下特征：月收入通常在2000~5000元、上有老下有小、传统但不守旧和最喜欢自助设备支付。

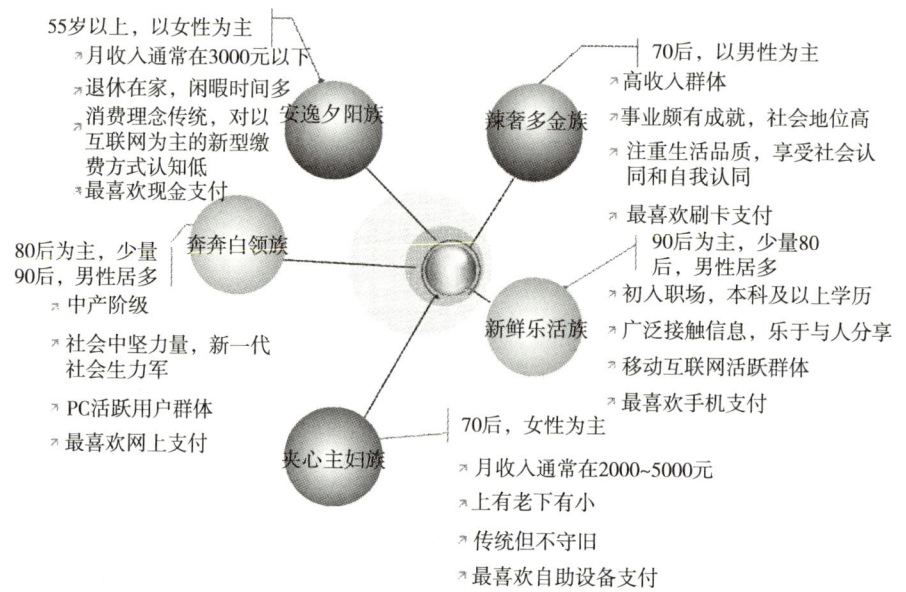

资料来源：2016年《中国便民缴费产业白皮书》调研。

图4-17 便民缴费消费者五大族群

4.3.2 安逸夕阳族：重安全，现金支付是习惯

安逸夕阳族，由于她们大多数是55岁以上的女性，即将面临退休，而处于退休前夕阳时光的她们，没有定制的概念，拥有简单而舒缓的生活，她们认为平平淡淡才是生活的真谛。

这一类消费者在选择付费方式时，选择最多的是现金付费，因为她们认为现金付费更加安全可靠，账单清晰明了。她们不愿意选择网上付费和手机付费，是因为她们认为网上付费和手机付费缺乏安全可靠性，网络缴费操作复杂；另外，由于她们已经习惯了现金付费的方式，所以她们不选择自助设备付费。她们这一类人为了缴费的安全性和可靠性，会一直选择现金付费方式，不太会进行改变。

第4章 中国便民缴费行业消费者研究

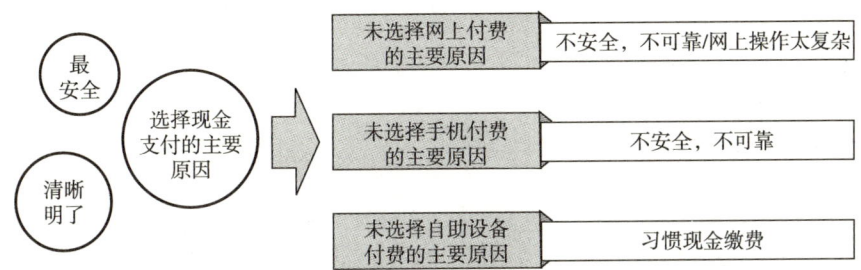

资料来源：2016年《中国便民缴费产业白皮书》调研。

图4-18 现金支付方式选择与未选择原因分析

综上所述，便民缴费安逸夕阳族这一族群，更注重安全性、可靠性，并且现金付费已经成为了她们支付方式中最常用的方式。安逸夕阳族对人工缴费需求较大。

4.3.3 辣奢多金族：奉尊享，追求刷卡的质感

辣奢多金族，由于他们大多数为70后中的男性，拥有着不错的工作和相对稳定的收入，以及广泛的交际圈。他们信奉尊享，因此，他们不仅仅在物质生活方面需要得到满足，而且精神生活方面也需要得到满足，其尊享的需求随着年龄的增加还在不断增强。这一类消费者在选择付费方式时，选择最多的是网点刷卡，因为网点刷卡可以和柜员面对面交流以及享受在柜台刷卡的感觉。对不愿意选择其他付费方式的原因进行分析发现，首先，网络付费不能提供发票是阻碍他们选择的因素；其次，他们同样认为手机付费不能给予他们足够的安全性、可靠性；最后，自助设备操作复杂是他们不喜欢自助付费的主要原因。

综上所述，便民缴费辣奢多金族这一族群，更注重尊享以及刷卡的质感，并且网点刷卡已经成了他们付费方式中最常用的方式。

107

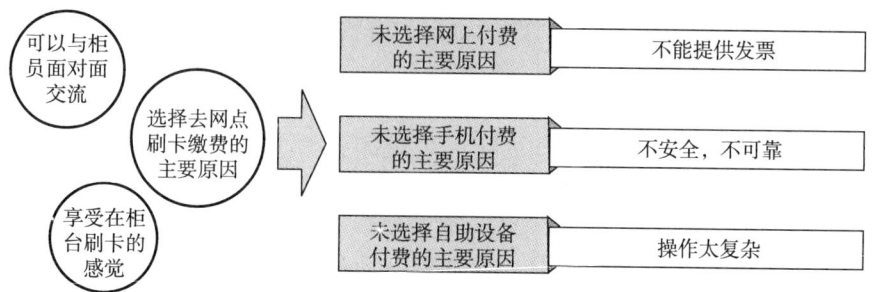

资料来源：2016 年《中国便民缴费产业白皮书》调研。

图 4-19 网点刷卡缴费方式选择与未选择原因分析

4.3.4 奔奔白领族：爱简单，PC 时代信息粉

奔奔白领族，由于他们大多数为 80 后，还有少量 90 后，且以男性为主，他们见多识广、个性外显，并且渴望成功，追求物质上的互惠，他们成为了 PC 时代的狂热粉，一直在追求精英化。

这一类消费者在选择付费方式时，选择最多的是网上付费（PC 端），因为他们认为网上付费（PC 端）操作简单和方便、快捷以及不用出门就可以办理业务。当在问其不愿意选择手机付费的原因时，他们认为手机付费不安全和不可靠是影响他们进行选择的主要原因；当在问其不愿意选择自助设备付费的原因时，他们认为自助设备付费的营业时间限制是影响他们进行选择的主要原

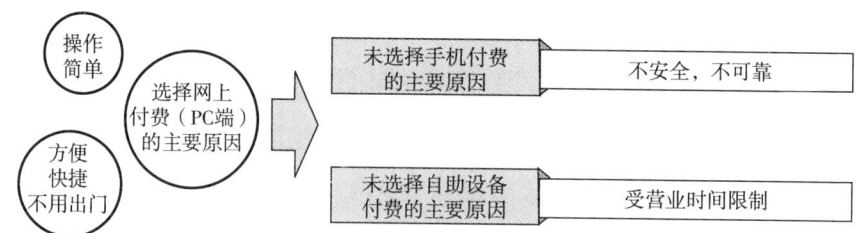

资料来源：2016 年《中国便民缴费产业白皮书》调研。

图 4-20 网上支付缴费方式选择与未选择原因分析

因。因此，不断追求精英化的他们，是 PC 时代的信息粉，目前网上付费的方式是他们进行缴费的最常用方式。

综上所述，便民缴费奔奔白领族这一族群，更注重简单，以及成为 PC 时代信息粉，并且网上付费已经成为了他们支付方式中最常用的方式。

4.3.5 新鲜乐活族：追潮流，手机是生活必需

新鲜乐活族，由于他们大多数为 90 后，还有少量 80 后，且以男性为主，他们追求新鲜、追逐潮流，而且他们认为世界那么大而青春那么短暂，就应该活在当下，才能时刻享受生活。因此，这一类消费者更爱生活、爱自由、爱求新和爱猎奇。

这一类消费者在选择付费方式时，选择最多的是手机付费，因为他们认为手机付费操作简单和方便、快捷以及不用出门就可以办理业务。当在问其不愿意选择网上付费的原因时，他们认为网上付费不能提供发票是影响他们进行选择的主要原因；当在问其不愿意选择自助设备付费的原因时，他们认为自助设备付费的营业时间限制是影响他们进行选择的主要原因。

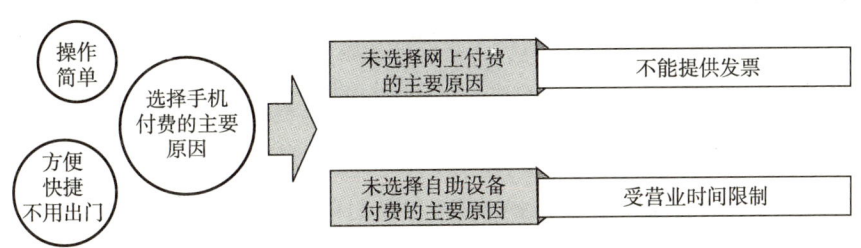

资料来源：2016 年《中国便民缴费产业白皮书》调研。

图 4-21 手机付费缴费方式选择与未选择原因分析

综上所述，便民缴费新鲜乐活族这一族群，奉行极简主义，追求新潮，并对外界信息永远开放，手机付费已经成为了他们支付方式中最常用的方式。

4.3.6　夹心主妇族：大管家，安全便捷全都要

夹心主妇族，由于大多数是 70 后的女性，有着上有老下有小的生活压力，且家庭对于她们来说，是具有使命感和幸福感的。家庭的美满幸福就是她们的快乐。这一类消费者在选择支付方式时，选择最多的是自助设备付费，因为她们认为自助设备付费的费用查询方便清晰，且习惯了自助设备。当在问其不愿意选择网上付费的原因时，她们认为网上付费不安全、不可靠是影响她们进行选择的主要原因；当在问其不愿意选择手机付费的原因时，她们认为手机付费不安全和不可靠是影响她们进行选择的主要原因。因此，这一类人为了安全性和可靠性，会最常选择自助设备付费这一方式。便民缴费夹心主妇族这一族群，更注重安全性、可靠性，并且自助设备付费已经成为了她们支付方式中最常用的方式。

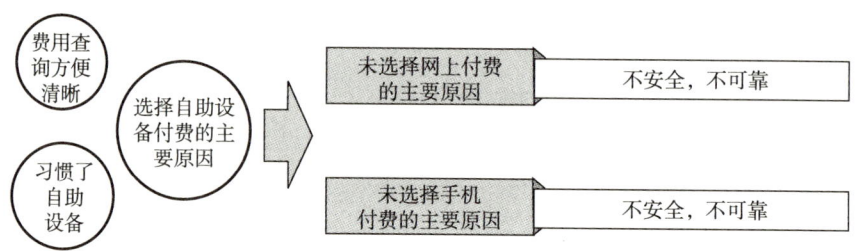

资料来源：2016 年《中国便民缴费产业白皮书》调研。

图 4-22　自助设备付费缴费方式选择与未选择原因分析

根据对消费者的选择和偏好分析得出，安逸夕阳族在消费选择偏好中比较偏好于现金支付，主要是由于他们年龄较大，对于其他支付方式缺乏足够的安全感；辣奢多金族大多数为 70 后中的男性，这类人群收入较高，生活追求尊享感，因此，对刷卡消费有着忠实的喜爱；奔奔白领族以 80 后为主，该类人群主要选择线上 PC 端缴费，主要原因在于他们工作繁忙无法及时到各缴费网

点完成缴费，同时他们对手机缴费信任感偏低；新鲜乐活族主要是90后的消费人群，他们追求潮流，而且手机成为这类人群的生活必需品，对手机的依赖性较强，手机支付是他们最常用支付方式；夹心主妇族大多是70后的女性，她们认为网上缴费和手机缴费都缺乏安全性、可靠性，对其信任感相对比较低，所以，该类人群大都选择去自助终端缴费机自主完成缴费。

4.4 消费者缴费特征分析

通过对不同性别、不同收入的消费者，进行缴费渠道和缴费业务选择的研究，了解消费者在便民缴费过程中的缴费选择特性，为更好地拓展缴费渠道和方式提供重要依据。

4.4.1 男性缴费渠道选择单一化，女性缴费渠道选择多样化

缴费渠道是便民缴费的必要条件之一，对不同性别的消费者渠道选择进行分析，发现不同性别的消费者在缴费渠道选择上差异明显，如图4-23所示，单纯选择线上和线下支付渠道的消费者以男性为主，占比明显高于女性消费者。而在既有线上又有线下的缴费渠道选择中，女性消费者要比男性消费者高4.0%。

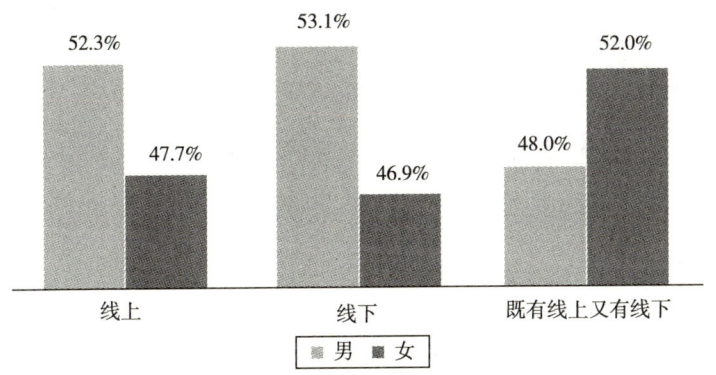

资料来源：2016年《中国便民缴费产业白皮书》调研。

图4-23 不同性别缴费渠道

4.4.2 收入越高线下缴费渠道选择比例越低

消费者的收入水平差异对其缴费渠道选择影响较大，对不同收入水平的消费者缴费渠道选择进行分析，如图4-24所示，2000元以下收入的消费者在线下缴费的比例为23.3%，而在15000元以上收入的消费者在线下缴费的比例不足9.3%，整体上呈现收入越高对线下缴费渠道的选择性越低的趋势。出现这种现象的主要原因在于，收入越高的消费者，往往学历水平和学习能力越强，加之收入水平越高，生活质量提升速度越快，该类消费群体在便民缴费行业中整体支出水平相对较高，因此缴费金额和频次相比于收入较低的人群较高，因此选择缴费渠道时对便捷性的要求越来越高，因线下缴费渠道流程较烦琐、耗时较多，所以对线下缴费渠道的选择较低。

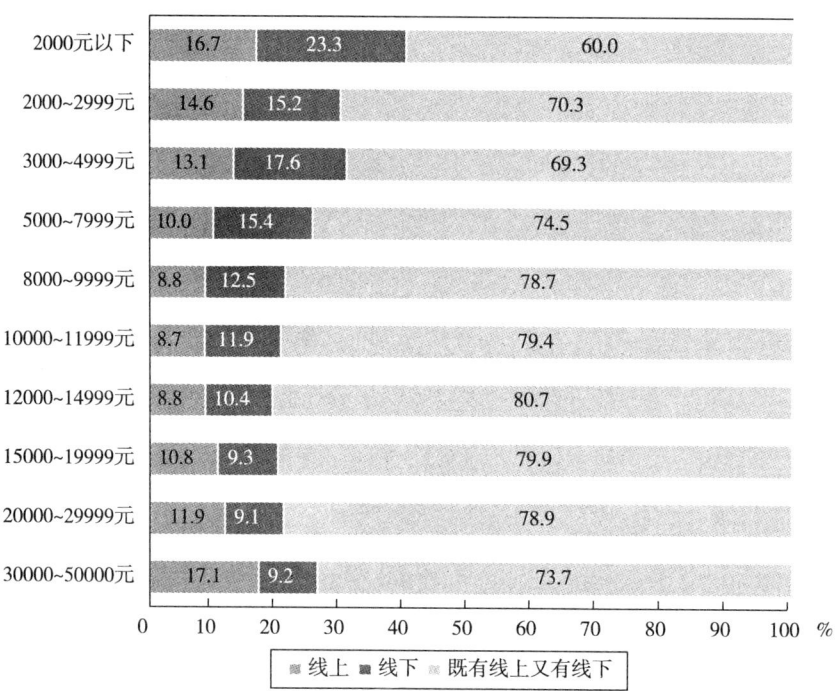

资料来源：2016年《中国便民缴费产业白皮书》调研。

图4-24 不同收入水平缴费渠道选择

4.4.3 缴费渠道受业务局限性强

根据行业调研，如表4-1所示，第三方支付平台已经成为中国各大区域的主要缴费方式之一，但是由于受到部分业务市场垄断性和条件局限性，仍有很大一部分的消费者需要到业务收费单位指定营业厅完成缴费。以水、电、燃气为例，国内目前部分地区的水、电、燃气仍受居民所住区域限制，消费者必须强制性选择所在居住区收费单位指定的营业厅进行缴费，这也是导致消费者缴费渠道选择中收费单位指定营业厅占比高的原因之一。但针对可选择其他途径缴费的业务来讲，第三方支付平台被选性较强，仅次于到收费单位指定营业厅缴费的占比。选择度最低的则是报刊亭缴费，虽然近几年国家大力发展便民缴费行业相关服务产业，将各地区报刊亭以及便利店纳入便民缴费服务网点建设规划当中，但是由于报刊亭和便利店自有设备、人员结构等因素的影响，整体的便民服务效果尚无法达到预期。

表4-1 全国各大区缴费渠道选择 单位：%

	华北	东北	华东	华南	西北	中部	西南
第三方支付平台	**0.20**	**0.21**	**0.22**	**0.21**	**0.22**	**0.22**	**0.22**
电商平台	0.07	0.07	0.07	0.07	0.07	0.07	0.08
银行电子平台	0.12	0.13	0.13	0.14	0.13	0.12	0.12
银行物理网点	0.12	0.12	0.11	0.12	0.11	0.10	0.10
超市、便利店	0.06	0.04	0.06	0.06	0.06	0.06	0.08
报刊亭	0.02	0.01	0.02	0.02	0.03	0.02	0.04
物业	0.16	0.16	0.15	0.15	0.16	0.16	0.15
收费单位指定营业厅	**0.24**	**0.25**	**0.23**	**0.22**	**0.23**	**0.24**	**0.22**

资料来源：2016年《中国便民缴费产业白皮书》调研。

总之，消费者对便民缴费行业的整体满意度较好，不满意的原因主要在于行业内的服务与缴费流程烦琐。首先，通过对消费者的缴费行为和习惯进行分析发现，消费者习惯于在朝十晚四的时间内完成缴费，但恰恰是这个时间段人流较多，造成缴费网点需要排队的现象。而目前便民缴费行业的消费者特征显著，其中男性缴费渠道相对比较单一，但是女性相对比较多样化。其次，通过对消费者的收入水平进行交叉分析得出，收入越高的人在缴费渠道选择上线下化使用率就会越低。最后，由于便民缴费行业业务的局限，第三方支付对传统的线下缴费方式和渠道都造成了一定的冲击，加之部分业务的传统特性影响下，线上支付作为新兴的缴费方式和缴费渠道，将会逐步成为便民缴费行业发展的重要工具。

第三巻　未来篇

第 5 章
中国便民缴费行业发展社会环境分析

进入 21 世纪以来,互联网新技术层出不穷,逐渐成为全方位改变社会生活的强大力量,在全球范围内掀起一场影响范围巨大的变革,人类正站在一个新时代的前沿。中国在这一次科技革命中保持了与世界的同步,并且在一些细分领域内走在了世界的最前列。随着互联网的深入普及、移动互联网浪潮的来袭、社区 O2O 的覆盖、共享经济的发展、"互联网+"概念的深化,新技术和新模式越来越强烈地影响着人们的生活,也深刻影响着中国便民缴费行业的发展。

5.1 互联网时代对缴费行业影响的深度与广度将进一步加深

互联网技术的不断普及和市场渗透,将会对便民缴费行业的缴费方式和缴费渠道产生巨大的影响。互联网相关上网设备的多样化创新发展步伐在不断加快,在未来的互联网市场发展中,传统的电脑终端将被新型的移动智能终端和电视智能终端部分替代,上网终端将越来越丰富。在此背景之下,便民缴费行业将在互联网快速发展的浪潮下迎来全新的发展契机。

5.1.1 互联网市场规模将持续扩大,上网设备丰富度将不断增加

中国网民规模的持续增长,得益于中国互联网基础设施建设的不断完善和国家相关政策的持续利好,目前互联网的影响力正在不断向各行各业深度渗透。特别是"宽带中国"战略的实施,快速提高了国内宽带光纤网络的覆盖率,光纤网络目前已经覆盖超过50%的中国家庭,如图5-1所示,网民有九成左右接入互联网的场所是家里。2016年习近平总书记在"网络安全和信息化工作座谈会"中也提出"要推动中国网信事业发展,让互联网更好造福人民",互联网已成为新时代最为重要的基础设施之一。

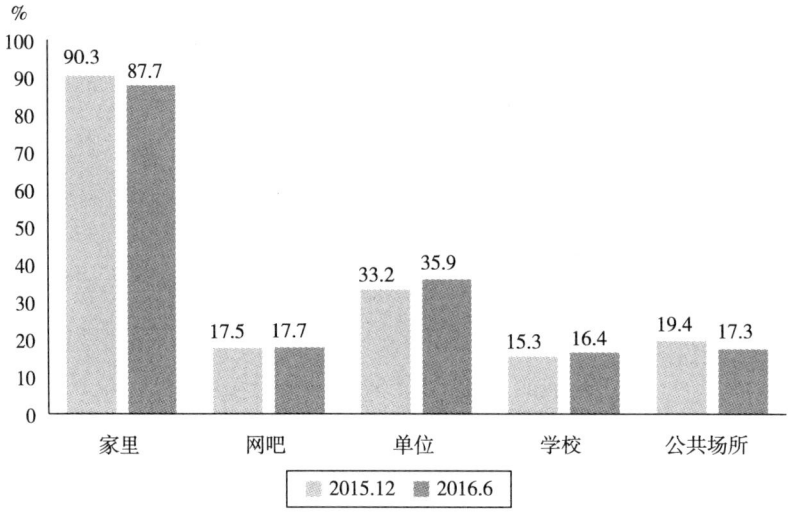

资料来源:CNNIC 中国互联网络发展统计调查。

图 5-1 网民使用电脑接入互联网的场所

随着互联网技术的不断发展,电脑(含台式、笔记本、平板)不再是接入互联网的唯一设备,手机、电视也成为接入互联网的重要方式。如图5-2所示,截至2016年6月,中国网民使用手机上网的比例达到92.5%,较2015年底增长了2.4个百分点;随着智能电视行业的快速发展,电视作为家庭网络

第5章 中国便民缴费行业发展社会环境分析

设备,其娱乐功能进一步显现,使用电视上网的比例上升为21.1%,较2015年底增长了3.2个百分点;与此同时,台式电脑、笔记本电脑、平板电脑上网的使用比例分别为64.6%、38.5%、30.6%,较2015年底分别下降了3.1个、0.2个和0.9个百分点。由此可见,在未来的互联网市场发展中,传统的电脑终端正被新型的移动智能终端和电视智能终端部分替代,上网终端的丰富度也在不断增加。

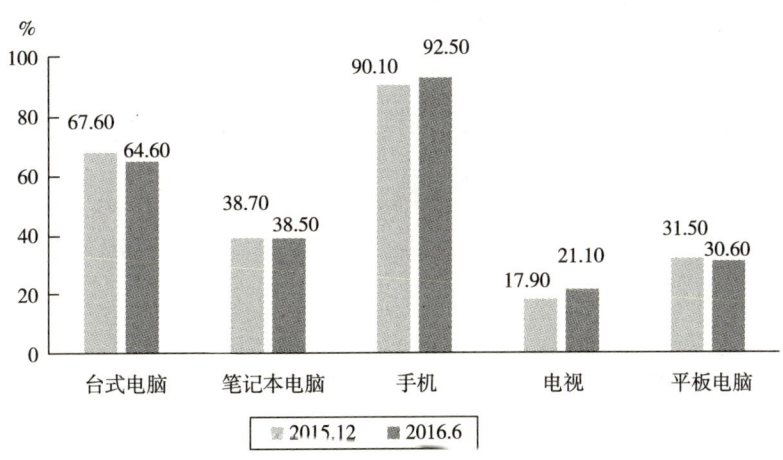

资料来源:CNNIC 中国互联网络发展统计调查。

图 5-2 互联网接入设备使用情况

5.1.2 互联网快速渗透下的缴费行业格局进一步变化

在互联网潮流席卷之下,人们的生活方式和生活习惯受到很大影响,并且随着技术发展快速地发生变化。互联网市场规模持续扩大,上网设备也逐渐由PC端向移动端转移,移动端设备的互联网接入为行业发展提供了巨大的便利性。伴随着移动上网接入设备的快速普及,便民缴费行业迎来新的发展机遇,便民缴费行业终端未来将会不断向移动端倾斜,便捷度将会随着互联网接入设备丰富性和普及性的提升而大幅提升。便民缴费行业传统上是各自为营的,普遍采用网点线下缴费方式运营，在互联网的影响下，综合性的线上缴费平台得到发展，新的模式有助于减少成本和提高效率，因此也得到了政策的鼓励。互联网基础设施建设的持续投入和互联网技术的发展，为便民缴费行业的市场信息化创造了非常有利的机会；相关企业，包括事业单位、银行等应该抓住互联网变革机会，推动企业信息化平台的软硬件建设，提升自身竞争优势。不断进行创新改革，实现市场平台的信息化，挖掘便民缴费的专业市场发展潜力。

整体来看，随着互联网的快速普及，互联网行业市场将会持续扩大，加之近年来网络接入设备的不断更新，越来越多的网络接入设备成为影响行业发展的重要因素。便民缴费行业在互联网行业快速发展的影响之下，迎来了新的发展契机，互联网线上缴费方式和模式成为行业发展的新方式。紧握互联网的线上化缴费方式发展方向，在互联网信息开放与资源整合的优势条件之下，便民缴费行业业务市场发展将会得到更大的发展机会。

5.2　移动互联网浪潮中新技术推动缴费方式变革

移动互联网是结合移动通信和互联网，充分利用互联网的技术、平台、商业模式和移动通信的最新技术。随着智能手机的快速普及和 4G 网络的大面积覆盖使用，移动互联网浪潮已经如期而至，移动互联网产业的发展为互联网注入了强大的能量，带来了前所未有的飞跃式发展。

5.2.1　移动互联网的年轻化、全民化、场景化趋势明显

有观点认为过去十几年发展起来的 PC 互联网已经到达尽头，互联网时代已经进入到第二幕，现在已经过渡到了移动互联网新时代，短短几年移动互联网创造的市场和想象空间要比经过十几年发展成熟的互联网市场还要大。

年轻一代开始主宰移动互联网

80 后仍是移动互联网时代的主力，但地位在下降，90 后和 00 后开始崛起

并取而代之。80后用户占移动互联网的比例为37.1%,整体份额已超过移动网民的三分之一。90后与00后年轻一代用户正在快速崛起,并且占比在持续上升,三个年龄段用户占移动互联网用户的比重超过七成,达到73.6%。通过智能移动设备普及拉动移动互联网增长的人口红利期已初步结束,如图5-3所示,截至2015年,智能移动设备规模达12.8亿台,季度增速3.2%,用户规模趋于饱和,未来将靠内容继续拉动移动互联网增长。如何迎合年轻人的生活场景需求,提供更多适合的内容和服务,是移动互联网应用开发者需要考虑的核心问题。

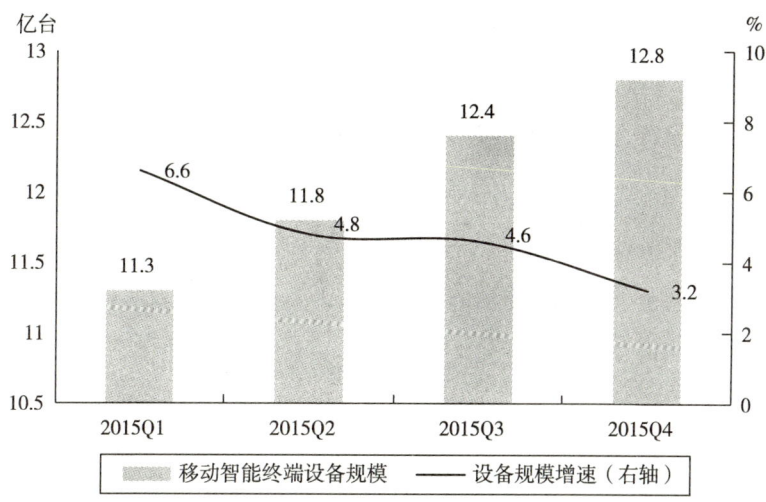

注:移动智能终端用户指移动端累计活跃设备总数,包括智能手机、平板电脑、智能手表、智能电视盒子等。

资料来源:TalkingData 移动数据研究中心。

图5-3 2015Q1—2015Q4 中国移动智能终端设备规模及增速

移动互联网将加快迈入全民时代

移动互联网用户资源在向中心城市集中的同时,也开始加速向经济欠发达地区下沉,随着中国城市化和逆城市化的人口迁移,移动互联网用户形成继续向一线城市集中的态势,与此同时,从大城市回到小城市的人口开始带动小城市和农村移动互联网的普及,三线及以下城市的移动互联网渗透在加速,移动互联网时代越来越多的用户来自经济欠发达地区,经济欠发达地区成为新的潜力市场。虽然中部地区用户规模尚不占优势,但用户的移动端活跃度更高,移动互联网价值应该重视。手机使用比例逐渐上升,原有平板电脑可实现的功能现在正在被大屏幕手机所取代,用户日常生活的各类场景开始越来越多地与手机进行关联,手机已成为了用户与服务最重要的纽带。同时,以手机为代表的移动设备性能在快速改善,表现出运行更流畅、屏幕更大、网速更快的特征,这有力地提升了移动端的使用体验,为以往传统的线下场景转移到手机端创造了条件。

各类生活场景开始广泛触发移动应用使用

移动端应用开始突破固有的工具、娱乐、消费等功能性阶段,已进入生活场景化的全时服务使用阶段。2015年高成长应用TOP30中,与生活服务相关的应用能占到一半。Uber、滴滴出行、美团外卖等服务于日常生活场景的典型应用快速兴起,用户已经逐渐习惯于通过手机获取线下的便利服务,用户对生活服务领域应用的依赖度在不断增强。此外,健康医疗、教育阅读、金融理财等新兴领域的人均使用时长也在快速增长,与生活息息相关的各类生活服务类应用正在被用户更频繁地使用。受到共享经济体制的影响,移动互联网在未来经济社会发展过程中,充分利用共享经济平台,将线下闲置资源充分利用,会有效地提升社会供给、降低现有市场交易成本。整体来看,受到移动互联网浪潮的影响,未来社会的出行、金融、教育等新兴领域会越来越便利,而且相关的行业也将进入高速发展阶段。

5.2.2 手机支付带来缴费方式革命

随着智能手机普及化,以及移动互联网的社交、电商功能越来越强大,移动互联网的浪潮已经是不可逆转的趋势，各种互联网设备使用中，手机接入互联网的比例最高。截至2016年6月，中国网民中使用手机上网的达到92.5%，其中仅通过手机上网的网民占比达到24.5%。

手机支付和手机购物类应用增长最快

随着中国移动互联网的发展，智能手机成为最重要的上网终端。如表5-1所示，2016年的手机互联网应用平台中，手机支付和手机购物类应用增长最快，半年增长率均超过18%。现有的支付宝、微信支付、手机银行等具有移动支付功能的应用普及率越来越高，用户使用体验也越来越好。支付的新技术和新方式也不断涌现，这些支付应用充分利用手机的摄像头、声音识别、人体指纹、LBS位置等功能，极大地提高了支付便捷度，例如，可以使用摄像头扫码支付、声波支付，还可以使用有指纹识别功能的手机（如苹果手机）进行指纹支付。这些手机支付应用为便民缴费行业线上化发展提供了最为重要的支撑。

表5-1　　2016年手机互联网前十大应用使用

应用	2016.6		2015.12		半年增长率
	用户规模（万人）	网民使用率	用户规模（万人）	网民使用率	
手机即时通信	60346	91.9%	55719	89.9%	8.3%
手机新闻	51800	78.9%	48165	77.7%	7.5%
手机搜索	52409	79.8%	47784	77.1%	9.7%
手机音乐	44346	67.6%	41640	67.2%	6.5%
手机视频	44022	67.1%	40508	65.4%	8.7%
手机支付	42445	64.7%	35771	57.7%	18.7%
手机购物	40070	61.0%	33967	54.8%	18.0%
手机游戏	30239	46.1%	27928	45.1%	8.3%
手机银行	30459	46.4%	27675	44.6%	10.1%
手机文学	28118	42.8%	25908	41.8%	8.5%

资料来源：CNNIC中国互联网络发展统计调查。

手机支付仍会继续保持快速发展势头

在网络电商平台促销推广常态化和物流效率提高的背景下,国内用户通过移动终端购物下单的习惯已经养成。如图5-4所示,截至2016年6月,中国手机支付用户规模达到4.24亿人,比2015年末增长18.7%,手机网民使用手机支付的比例也从57.7%提升至64.1%,手机支付使用比例增速明显快于网上支付使用比例增速,并有进一步超越的趋势。手机支付用户规模仍将持续高速增长,首先是电子商务高速发展对手机支付的需求增强,拉动了网上支付用户规模增长;其次是各网上支付厂商通过拓展和丰富线下消费支付场景,并采取相应的补贴政策吸引用户尝试手机支付;最后是网上支付厂商扩大营销力度,通过"发红包"、"集福卡"等活动激活社交关系,带动手机支付用户的转化。

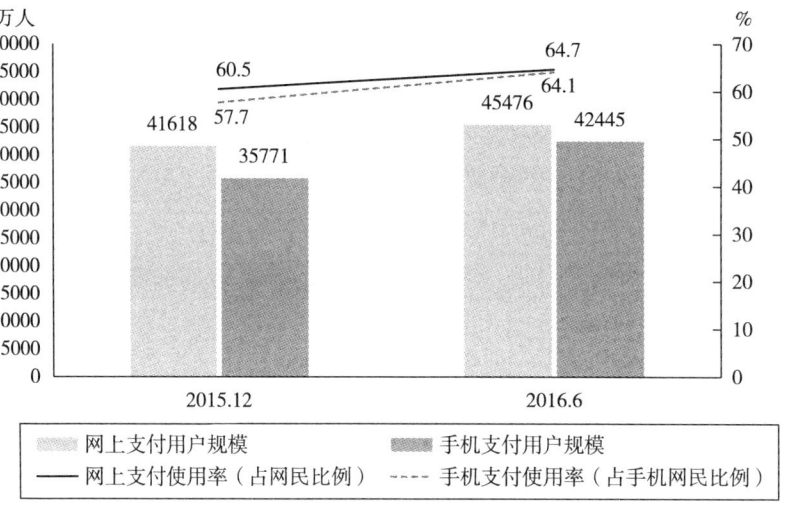

资料来源:CNNIC中国互联网络发展统计调查。

图5-4 网上支付/手机支付用户规模及使用率

随着手机银行、移动支付的日渐成熟以及移动理财等细分领域的兴起,移动金融理财行业的用户规模也在快速增多,银行业中的国有银行、股份制银行也纷纷积极投身移动金融大潮。随着移动通信网络环境的不断完善以及智能手机的进一步普及,包括手机支付在内的移动互联网应用正在向用户各类生活需求深入渗透,促进手机上网使用率进一步增加。便民缴费行业传统的缴费渠道和方式也应该与时俱进,以便更好地适应社会发展潮流,为民众提供便捷、安全、及时的服务。

便民缴费行业拥抱手机支付就是拥抱未来

手机支付越来越普及和体验越来越好,将对传统便民缴费行业模式产生比较大的影响。下面以手机话费充值缴纳的模式演变为例,来看具体的影响过程。电信运营商的传统营业网点(如营业厅)是电信运营商直接为客户提供话费充值的线下服务点,在银行和校园等人流密集区还会设有部分自助缴费终端。随着移动电话用户数量的增加以及网上支付行业的发展,中国手机话费充值缴纳经历了三个不同阶段:第一阶段是2010年以前的市场培育期,在这一阶段,网上支付行业发展还不成熟,用户对网上支付缺乏信任感,网上缴费习惯处于培育阶段,电信运营商对传统营业网点有较强的依赖性,线下的网点充值缴费或代售点购买充值卡缴费较普遍;第二阶段是2011年到2013年的快速发展期,在这一阶段,网上支付的行业发展逐渐趋于规范化,通过电商平台或网银充值越来越普及,线上充值的需求快速增多;第三阶段是2014年以来的高速发展期,在这一阶段,手机支付快速普及,随着手机支付用户数量的增长,不断推动移动充值业务量上升,而且电信运营商对手机支付的支持力度也在不断加大,各类支付平台、电商平台、自有APP都逐渐开始支持手机话费充值缴纳,为消费者缴费提供了更多的便利。

整体来看,受到移动互联网浪潮的影响,中国手机市场规模稳步增长,进一步推动中国互联网的接入设备由PC端向移动端转移,移动端逐渐成为未来互联网接入设备的主流。支付方式也由传统的现金支付和PC端的线上支付逐步向手机支付倾斜,手机支付将会成为行业内最为重要的支付方式。在便民缴费行业,手机支付也将会极大地提高便民缴费行业的便捷性,极大地减少传统

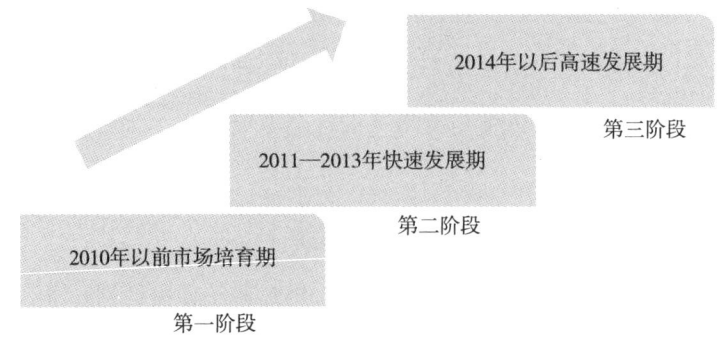

图5-5 手机充值市场阶段性发展趋势

缴费过程中的人力和物力损耗。便民缴费行业积极拥抱手机支付就是在拥抱未来,手机支付会对行业发展产生重大促进作用。

5.3 社区O2O丰富便民缴费行业服务内容

互联网和移动互联网带来的最大变革在于资源与信息前所未有的公开与共享,任何时间、任何地点、任何人都可以成为信息的载体,不再局限于固有的信息传送通道,彻底颠覆了政府管理、商业运行及人们的生活和思维模式。O2O将消费者与生活服务行业的各细分领域连接起来,生活服务涉及范围广,承载了众多用户刚需,发展空间巨大。生活服务行业是本地化服务经济中最重要的一环,在刚需、资本的双重推动下,行业风起云涌,生活服务行业未来将继续纵深发展。

5.3.1 社区O2O蓬勃发展

O2O的概念是从2010年引入中国的,引起了业内的广泛关注。O2O包括两种解释:第一种Online To Offline(线上到线下)的典型应用场景是用户在线上购买或者预订服务,然后在线下商户实地进行享受服务或取货;第二种Offline To Online(线下到线上)的典型应用场景是用户通过线下实体店体验并选择好商品,然后通过线上下单来进行预定商品或支付。团购的出现第一次大规模地对线下的本地生活服务商户进行了市场教育，推动了中国本地生活服务O2O市场的快速发展。中国的本地生活服务O2O市场发展前景广阔，发展潜力和空间较大。

社区O2O深化满足家庭生活消费的各项需求

O2O模式从2010年首次在国内兴起之后，经过几年的发展，其渗透率和市场规模每年都有不同程度的增长。特别是从2014年开始，受益于移动互联网行业快速发展和电商时代来临，其市场规模一跃千里，如图5-6所示，2017年预计达到4283亿元。从社区O2O服务商的角度来看，目前国内社区生活方面的服务商主要依赖相关的综合服务平台来发展社区O2O市场，因此大致可以分为三种服务平台，分别是第三方综合平台、物业管理平台和垂直服务平台。第三方综合平台主要以流量分发形态存在，通过聚合周边实体零售商或服务商，将用户订单导流到周边合作商家的店铺上，以此对接用户与商户的需求供给；物业管理平台建立在物业服务的基础上，聚合周边实体供应商及细分领域垂直供应商，将服务输送给小区用户；垂直服务平台多聚焦在某一个品类的服务上，如家政、洗衣、生鲜、外卖等垂直服务平台。

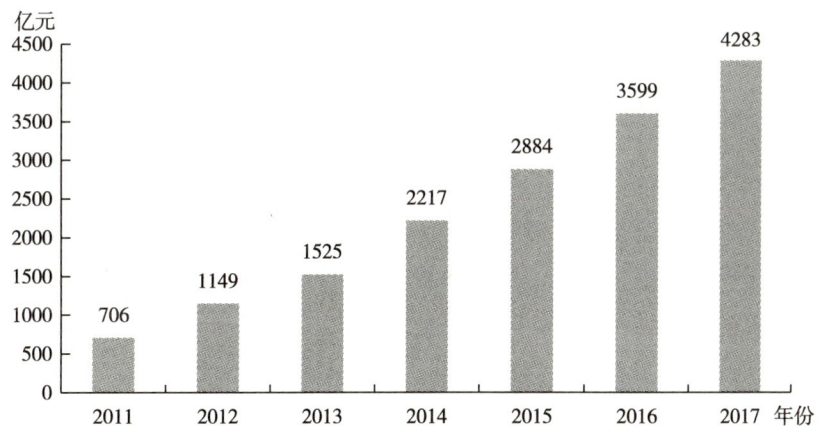

资料来源：银河证券。

图5-6 2011—2017年中国社区服务O2O市场规模

社区O2O基本是根据本地用户的需求，寻找对应的本地服务提供商，从而实现需求和服务的对接。用户与商户之间是密不可分的交易双方，他们的关系是既相互制约又相互依存。现在大量的标准化服务需要利用互联网来达到优化服务流程、提升服务效率和增强竞争力的目的，而社区内的用户群体则需要更为便利和更优质的服务，需要更好及充满生活气息的生活环境。互联网的存在使服务、商家、居民实现有机结合，使消费娱乐的商业形态得到较大丰富，促进了人们生活水平更大的提升。

社区O2O服务范围与便民缴费服务范围重叠度高

社区O2O以社区划分，一般是通过对社区周围三公里内的资源进行线上线下整合互动实现商业运行，来达到服务社区居民家庭生活的目的。实际上，社区O2O作为一种场景经济，它是通过线上的互联网操作结合线下的实体服务，来满足社区家庭生活消费的各项需求的。社区O2O按服务内容可分为三大类，分别为"跑腿服务"、"入户服务"和"物业社区信息便民服务"。"跑腿服务"指的是在社区居民三公里生活圈范围内所提供的标准化及准标准化的商品配送；"入户服务"指的是为社区家庭硬件设施提供的专项维修维护，及其对家庭成员的护理工作等非标准化入户服务；"物业社区信息便民服务"指的是物业在社区进行的信息化以及系统化管理与服务。从服务客群和服务目的来看，社区O2O与便民缴费行业的服务对象均以区域内生活及工作人群为主，而且两者均以目标范围内消费者的便利化服务为目的，力求以最为便捷和人性化的服务满足消费者的需求；从两者的业务角度来看，一般的家庭必要性支出就是社区O2O和便民缴费行业的主要业务，两者的业务范围重叠度相对较高。

5.3.2 社区O2O为便民缴费行业提供更多机会

社区O2O将社区线下生活与线上缴费结合在了一起，让互联网成为线上交易的平台，它的核心价值就是线上和线下的价值传递。每一次交易，都是对线下和线上的需求与价值进行交换，O2O 在这个过程里既要保障服务提供方的利益，还要满足消费者的需求。

便民缴费行业可借助社区 O2O 平台拓展业务

多数 O2O 服务，线上渠道在流程中处于主导地位，但社区 O2O 线下服务商家数量众多而且地域分布广，线下服务处于更为关键的位置。物业管理公司是社区中主导而且稳定的线下服务提供商，物业服务在社区生活服务中占据重要地位。出于社区安全的考虑，物业管理公司需要对进入社区的其他线下服务商（周边商家、物流快递以及餐饮外卖等）进行监督和管控，直接影响着线下服务的品质。社区本来就是人口聚集的小单元，便民缴费行业可以利用社区便民惠民的 O2O 平台，提供水费、电费以及燃气费等日常缴费服务的入口。对网上支付行业的发展分析发现，网民在线下消费场景中使用网上支付还处在习惯养成期，社区 O2O 有助于这种习惯的培育。社区 O2O 可以为便民缴费行业带来流量，是提高客户黏性的有效手段，随着近年来便民缴费行业的业务改革和扩展，社区生活缴费成为便民缴费最核心的一项业务。尤其是便民缴费行业年轻客群网络化趋势明显，这些客户习惯于在移动互联网领域获取相关服务，包括理财、支付、消费、生活缴费等。社区 O2O 将行业的服务内容和客群集中在单身青年和年轻夫妻方面，该群体正是便民缴费行业的目标客户群体。

社区 O2O 可以进一步拓展便民缴费服务内涵

目前国内社区 O2O 发展主要通过线上线下互动的方式对社区周围的资源进行整合，来更好地服务社区居民家庭。国内的社区 O2O 在发展过程中，主要将物业、商圈和便民三大板块作为自身发展的主要业务方向，从服务消费者缴费、消费和生活等角度入手，不断提升消费者的产品接受度，最终实现商家、物业、顾客三方共赢的局面。再加上社区 O2O 在社区服务范围内拥有长期稳定的客群,若能够在移动互联网的基础上,与便民缴费行业的相关功能进行结合,就能有效促进便民缴费行业市场规模的扩大。

目前国内市场上的社区 O2O 服务方向主要涵盖的物业、商圈和便民三大板块,都是便民缴费行业的可覆盖范围,深耕有利于拓展便民缴费行业的服务内涵。物业 O2O 板块服务是整个社区 O2O 服务体系的必选项和基础,涵盖了面向住户的物业服务和社区日常管理。物业管理公司作为物业 O2O 服务的线下服务提供商,以及线上服务的流量入口,响应住户来自线上的物业服务请求,线下为住户提供物业维修、设施日常维护、各类服务信息咨询等服务。此类服务一部分是便民缴费行业目前物业费收取后的服务内容,另一部分是增值的单项收费服务。便民缴费行业可以通过线上和线下配合的物业 O2O 服务,建立线上收取物业费和线下提供物业服务的闭环。商圈 O2O 板块的线下服务是由第三方商家(主要是社区周边商家和社区的合作商家)提供,因社区实际条件和周边商家的不同而不同。商圈 O2O 中服务的查询、订购和付款均在线上完成,便民缴费行业可以在此领域扩展业务内涵,支持更多缴费业务。便民 O2O 板块主要涉及网上政务办理、大型商家(银行/通信/物流等)以及公益组织活动等,该类服务线上和线下流程均比较复杂,便民缴费行业可以从方便住户办理的角度提出解决方案,减轻相关方的日常信息咨询和交易成本。

5.4 共享经济与共享金融带来便民缴费新实践

共享经济,一般情况下是指以获得一定的报酬为主要目的,且基于陌生人和存在物品使用权暂时转移的一种新经济模式。其本质在于整合线下的闲散物品、劳动力和教育医疗等多种资源,通过某种平台或者手段将其有效地进行链接。对于供给方来说,他们通过在特定的时间内让渡物品的使用权或提供服务,以此来获得一定的金钱回报;对于需求方来说,他们不直接拥有物品的所有权,而是通过租、借等共享的方式来使用物品。共享经济发展的过程就是去中介化和再中介化的过程。所谓去中介化，指的是由于共享经济的出现，打破了劳动者对商业组织的依附性，使他们可以直接向最终用户提供服务或产品；而再中介化指的是个体服务者虽然脱离了商业组织，但是为了更广泛地接触需求方，他们需要选择接入互联网的共享平台。

以共享的方式来满足社会供需，达到价值最大化的效果，这个共享的过程更多的是借助于互联网这个媒介来实现的。共享经济在运营过程中，一共牵扯到三大主体，分别为商品或服务的需求方、供给方和共享经济平台，其中共享经济平台是用来连接供需双方的纽带，其通过移动 LBS 应用、动态算法与定价、双方互评体系等一系列机制的建立，最终使供给与需求方可以通过共享经济平台进行交易。

5.4.1 共享平台迅速拓展，共享经济规模急速上升

2008 年国际金融危机之后，伴随全球信息技术及其创新应用进入快速增长期，共享经济快速成长，从欧美国家不断向亚太等区域扩张。2014 年以来呈现井喷式发展态势。从无到有发展很快，但过程中也争议不断，共享经济是信息革命发展到一定阶段后出现的新型经济形态。

共享经济植根于互联网最新技术，正渗透到生活各领域

互联网（尤其是移动互联网）、宽带、云计算、大数据、物联网、移动支付、基于位置的服务（LBS）等现代信息技术及其创新应用的快速发展，使共享经济成为可能。以成立于 2011 年的 Airbnb 为例，它提供连接旅游人士和家有空房出租的房主服务，截至 2015 年底，已在全球 190 多个国家和地区开展业务，覆盖 34000 多个城市，拥有 200 多万个房源，超过 6000 万房客从中受益，市场估值已经达到 255 亿美元。此类领先企业的成功吸引了大量创业者加入共享经济领域，平台企业数量也不断增加，共享经济领域的资本投资也迅速增加。全球共享经济已经进入快速扩张期，从最初的汽车、房屋分享迅速渗透

到金融、餐饮、空间、物流、教育、医疗、基础设施等 20 多个领域和细分市场,并进一步向农业、能源、生产、城市建设等更多领域扩张。

中国共享经济的创新创业蓬勃发展,便民缴费行业存在协同发展机会

中国共享经济快速成长,创新创业蓬勃兴起,本土企业创新凸显,各领域发展动力强劲,但总体上仍处于发展初期。分享领域迅速拓展,从创意设计(如猪八戒)到住宿(如小猪短租)、资金借贷(如人人贷)、交通出行(如滴滴出行)、医疗保健(如春雨医生)、知识技能(如 MOOC 中国)、生产(如淘工厂),共享经济已经渗透到几乎所有的领域。《中国分享经济发展报告 2016》指出,2015 年中国共享经济市场规模约为 19560 亿元(其中交易额 18100 亿元,融资额 1460 亿元),主要集中在金融、生活服务、交通出行、生产能力、知识技能、房屋短租六大领域,共享经济领域参与提供服务者约 5000 万人(其中平台型企业员工数约 500 万人),约占劳动人口总数的 5.5%。保守估计,参与共享经济活动的总人数已经超过 5 亿人。预计未来五年中国共享经济年均增长速度在 40% 左右,到 2020 年共享经济规模占 GDP 比重将达到 10% 以上。

表 5-2　　　　　　　　中国主要共享经济领域公司

应用领域	部分代表性共享平台
交通出行	滴滴出行、易到用车、PP 租车、友友租车……
房屋短租	蚂蚁短租、小猪短租、途家网……
P2P 网贷	陆金所、红岭创投、宜信、人人贷……
资金众筹	京东众筹、天使汇、众筹网、淘宝众筹……
物流快递	达达物流、e 快送、人人快递……
生活服务	58 到家、功夫熊、e 代驾、爱大厨、河狸家……
技能共享	猪八戒、在行、K68、时间财富……
知识共享	百度百科、知乎网、豆瓣网……
生产能力	沈阳机床厂 I5 智能平台、阿里巴巴淘工厂、易科学……

共享经济的发展速度远超传统行业,发展潜力巨大。根据速途研究院数

据，2012 年在线短租市场起步时市场规模仅 1.4 亿元，2014 年达到 38 亿元，2015 年超过 100 亿元，环比增长 163%。京东产品众筹于 2014 年 7 月上线，截至 2015 年 12 月，京东产品众筹总筹资额已突破 13 亿元，其中百万级项目超 200 个，千万级项目已有 20 个。

我国共享经济在发展过程中不断建立信用体系，规范市场监管机制，并进行自我完善。我国的便民缴费行业也出现了以共享为模式的经营主体，如光大银行的云缴费，并取得了一定市场影响力。其实便民缴费行业也可以与其他共享主体协同发展，共用部分先进技术与模式，不断丰富行业服务内容、缴费方式和渠道。尤其在行业发展新领域中，便民缴费行业可以与交通出行、房屋短租、生活服务等应用领域的相关企业合作。利用便民缴费行业特性，与各领域相关企业的自身资源相结合，将新领域内企业产品的便利性、客户黏性与业务必需性相互糅合，达到协同发展，互惠互利。将消费者需求、共享经济创新企业、便民缴费行业业务三者融为一体，将需求与市场充分结合，最终达到便民缴费行业与共享经济创新创业企业协同发展。

5.4.2 共享经济推动了共享金融的便捷服务

伴随着滴滴出行、Airbnb 等一系列实物共享平台的出现，共享已经开始从纯粹的无偿分享、信息分享，逐渐走向以获取一定报酬为主要特征的全新发展阶段。

共享经济推动了共享金融发展，将提高金融效率和扩大消费需求

共享经济的产生与发展将会激活金融业，使社会的财富不断流动，提高了社会财富的循环效率，还在一定程度上扩大了人们的消费需求，满足了更多人的利益。在"十三五"规划中，共享概念也成了国家发展的首要理念，这将会对共享经济的发展产生巨大的推动作用。可以预料，共享经济不仅将不断实现实体合法化，而且政策扶持还会让共享经济在金融业的发展中起到更多更广的促进作用。

共享金融将提供更加便捷的金融支持和结算交易服务

对于金融机构来说，共享金融是一种理念，也是一种商业模式，具体而言是一个纽带，连接着两个开放端：一端是银行等金融机构基于牌照拥有的产品、功能与服务，如贷款、支付、账户等，通过强大科技力量支持的金融服务开放平台，将银行体系内的产品、功能与服务进行集中管理与共享；另一端向客户开放，原本银行等金融机构只服务本机构客户的理念已经逐渐转化为服务广泛的互联网客户。渠道与场景是重要的手段，渠道既包括自有渠道，如网上渠道、手机渠道、自助设备、直销渠道、电商平台等；也包括合作渠道，如银行等金融机构体系外的互联网平台等。除此之外，还可以结合生活场景，将银行等金融机构的金融产品附着于百姓的生活需求上，如基于消费的融资服务等。上述组合形成了一个融会贯通的体系，银行等金融机构通过开放共享的经营理念，基于自建与合作模式，将体系内的产品进行输出与共享，获得相应的经济回报与品牌价值，使广大的互联网客户享受到更丰富的金融服务。

5.4.3 共享金融下，光大云缴费使便民缴费更便捷

在中国便民缴费行业发展过程中，缴费服务中间商扮演着重要的角色，在这些中间商中，银行等金融机构占据多数，它们一方面利用自己的网点优势，代理缴费业务，另一方面利用自身的系统建设能力，将生活缴费实现线上化，提供互联网缴费服务，便捷、高效地满足了百姓的生活缴费需求。但在发展过程中，多数的服务中间商仅将服务用于自身企业客户，并未实现对外开放，例如，A银行与某燃气公司签署协议，代收燃气缴费，百姓在A银行网银进行缴费时，需申请A银行账户后方可缴费，在一定程度上降低了缴费便利度，同时多家中间商针对单一缴费项目的重复建设，也在一定程度上造成了资源浪费。因此，如何通过共享方式，将供需关系基于平台公开化和便捷化，实现资

源的高效、充分利用，便成为缴费行业进一步发展的重要课题。

光大银行是比较早研究并探索共享策略和开放式发展策略的商业银行。如图5-7所示，2008年，光大银行以人们生活必需的缴费业务为起点发展共享经济。2012年首次尝试跨界合作，淘宝营业厅试运行获得普遍认可。2013年成功搭建了金融服务开放平台，为日后各项业务发展，尤其是互联网金融发展奠定了坚实的基础。2014年正式推出"云缴费"品牌，标志着光大银行互联网开放金融战略正式确定。2015年，光大银行在不断探索尝试的基础上，确定了"一扇门、两朵云、三个e"的互联网金融布局，即"一扇门"——"阳光银行"（光大直销银行），以电子账户为依托，通过完全开放的经营理念与方式，借助线上渠道为互联网客户提供多种金融与生活服务；"两朵云"——"云缴费"、"云支付"，基于开放、共享理念打造的两个基础金融服务平台，将光大银行特色与银行传统优势业务进行整合包装，面向互联网客户提供综合性服务；"三个e"——"e礼财"、"e点商"、"e容贷"，均是基于商业银行的经营牌照、传统优势及光大银行特色业务而在互联网世界延伸出的开放、共享的业务品牌。光大银行希望通过开放的互联网金融布局，实现"网络里的光大银行"战略目标，助力普惠金融理念落地，推动实体经济发展。

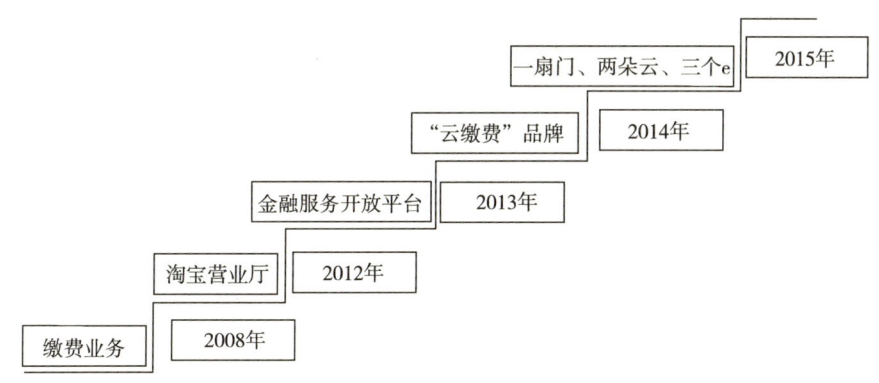

图5-7 光大银行"云缴费"发展历程

云缴费是目前光大银行互联网金融布局的重要亮点，也是目前商业银行打造开放金融、普惠大众的典型案例。如图5-8所示，云缴费商业模式的核心是整合与共享，一端进行资源整合，把核心缴费业务的水、电、燃气、有线电视、宽带、供暖、通信费等，稀缺业务的加油卡、ETC、交通罚款及增值服务的教育培训、物业、票务等各类缴费资源进行全面整合与统一接入，经过近十年的积累，已汇聚成涵盖千项生活缴费服务的资源库。在资源整合基础上，以云缴费平台为纽带，统一提供给开放代理云缴费的各类合作伙伴，包括金融同业、支付公司、电商平台等，借助合作伙伴的场景、渠道等，为广泛的互联网客户提供全面、优质的生活缴费服务，同时帮助合作伙伴引入客流并增强客户黏合度，可以想象的是，您使用的某个缴费APP，它的后台缴费服务提供商很可能就是光大银行。简言之，云缴费以开放金融服务平台为技术依托，通过资源整合与跨界合作，突破了传统银行的本行渠道、本行客户的局限，将服务延伸至全社会、全网用户。

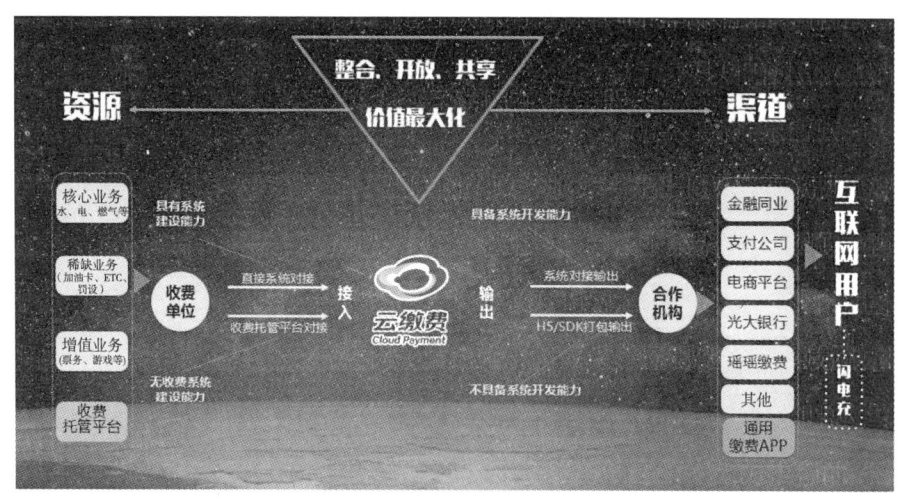

图5-8 光大银行"云缴费"商业模式

在上述基础之上，光大银行不断进行创新与突破，为不同需求的合作伙伴定制专属服务方案。对于有收费需求但是没有平台的机构（如物业公司、教育机构等),云缴费可以提供通用平台支持,提供包括系统、功能等在内的全套支持方案,帮助其实现收费管理;再如一些合作伙伴,有代理生活缴费意愿,但没有系统支持,云缴费可以为其提供通用缴费APP,合作伙伴只需更换LOGO,立刻能够拥有全套缴费服务。"通用+定制双模式"是云缴费品牌近期的重大升级,是云缴费在打造中国最大的开放式缴费平台过程中的又一重要突破,目的就是让更多的人群获得便捷的缴费服务,实现普惠金融,促进经济转型与发展。

5.5 互联网+推动行业集约、高效、透明化发展

近年来,由于信息技术的飞速发展,"互联网+"概念全面普及,传统行业和领域不断跨界与融合,借助移动端资源推动业务模式、营销模式、客户服务等多方面转型与升级。居民对关乎民生的服务型应用需求强烈,"互联网+政务"应用不断涌现,部分政务服务在移动互联网时代走在了前列。"互联网+"是互联网与各行各业的智慧融合,也是一场价值观创新的深刻变革。

5.5.1 互联网+政务服务

"互联网+政务服务"是指以政务服务平台为基础,以公共服务的普惠化为服务内容,利用互联网技术集聚政府资源,建设统一开放共享的政务服务平台。该平台将涉及政府对公民、法人、社会团体服务的政务事项进行整合重构,构建集约化、高效化、透明化的智慧政府,提升政府的综合服务水平与管理效率。

"互联网+政务服务"是国家大力推行的"智慧政务"实践

居民生活水平不断提升,物质文化生活不断丰富,因此对各级政府的服务,特别是对关乎民生的各类政务服务的方式和质量提出了更高要求。"智慧政务"顺应民生需求,在"互联网+政务服务"战略引导下,各类政府的服

务型应用不断涌现，用户覆盖量增长较快。在此背景之下，2016年国务院办公厅转发国家发展改革委等十部门提出的《推进"互联网+政务服务"开展信息惠民试点实施方案》。该方案提出要加快推进"互联网+政务服务"，实现"一号申请、一窗受理、一网通办"，构建方便快捷、公平普惠、优质高效的政务服务体系。

以往政务系统数据比较分散，而且存在不一致的问题，各部门之间的数据融合比较少，这直接制约了政府的社会服务和公共管理能力。在"互联网+"下，政府可以依托云计算和大数据处理能力，对各个部门的信息数据进行有效整合，打破部门间的隔阂，促使信息互联互通，将政务服务进行统一优化和提升，让企业和个人减少信息重复填写和开具各类证明的烦琐。"互联网+政务服务"涉及交通、医疗、社保、行政审批、税务、社区服务等诸多领域，大大简化了办事流程，有效地提高了政府行政服务效率。民众通过手机互联网和PC互联网，轻松完成各类审批、业务查询、缴费等手续，通过"互联网+政务服务"促使公共服务更接地气。

互联网+政务服务快速发展，将推动便民缴费行业转型发展

中国电子政务发展指数全球排名70位左右，但中国互联网发展水平仅次于美国，且有巨大的提高空间。中国互联网络信息中心数据显示，截至2016年6月，中国在线政务服务用户规模达1.76亿，占总体网民的24.8%，每4位网民中就有1位接受过在线的政务服务。国外发达国家也都在推进信息共享，打造公开透明便捷的政务服务。在全球信息化进入到全面渗透、跨界融合、加速创新的新阶段，建设新型的数字国家已成为全球共识。推进"互联网+政务服务"，已经成为中国赢得优势发展权、主动打造数字国家的机会。中国提出力争率先打通数据壁垒，促进各个部门、各个层级、各个业务系统信息互联互通，力争到2017年底，各省级政府部门、国务院有关部门建成面向公众、开放共享的一体化网上政务服务平台，力争到2020年底，建成覆盖全国、一网办理的"互联网+政务服务"体系。"互联网+政务服务"能够为社会发展注入新的活力,有助于整体提升国家竞争优势,通过充分利用"互联网+"各领域基础设施、互联网人才优势,让政府服务在"互联网+"的融合下变得更加完善。

"互联网+政务服务"对政府部门实际工作效率的提升有很大的促进作用,如政府各类罚款、社保缴费等工作。从政府各类罚款缴纳来看,目前罚款缴纳主要以交通罚款为主,传统的交通罚款缴费流程复杂,需要占用大量的交管局服务人力,而且由于缴费者过多,经常导致办理地点周边交通拥堵等问题,需要耗费缴费者较多时间,缴费者不满情绪较高。随着"互联网+政务服务"的推进,缴费者可以通过各大银行或指定的官方网站快速完成缴费,这一举措不仅能够提升罚款缴纳的效率,也有利于交管局等政府部门的人员精减。"互联网+政务服务"的发展,推动着便民缴费行业在缴费渠道和方式上的优化,也推动着便民缴费行业的转型发展。

同时,中国便民缴费行业受限于历史原因,像水、电、燃气等业务多由国企或事业单位垄断性经营,"互联网+政务服务"能够比较有力地促进这些行业企业主动进行变革,利用互联网技术提高管理水平,不仅能够推进其缴费服务能力优化,而且可以推动践行群众路线、加快改进服务作风。

5.5.2　互联网+金融

在中国利率市场化进程中,传统金融机构留下的市场空白,互联网技术带来的产业融合、效率提升以及全新的客户定位,为互联网金融发展提供了历史机遇。依托互联网,第三方支付、P2P网贷、众筹融资、信息化金融机构、互联网金融门户网站等多元化模式的互联网金融在迅速崛起。

互联网+金融独特的普惠性和包容性,深受年轻人喜好

互联网+金融模式相比传统金融,具备普惠性和包容性的优势。一方面,传统金融体系存在一些低效的因素，为互联网金融的发展提供了可能。互联网金融通过创建高效的线上平台，有效弥补了传统金融的不足。另一方面，互联网金融服务不受地域限制，客户能够在任意时间通过任意方式购买服务。

不同代际的人群受互联网的影响程度不同，因此互联网金融服务在不同代际群体间的使用程度存在差异。具体来说，80后、90后深受互联网浪潮的影响，他们中的大部分容易接受互联网金融业务。80后、90后逐渐成为社会的中坚力量，具备强大的购买力和开放的消费理念。互联金融的重要挑战便是明确不同代际群体的需求，提供差异化的产品和服务，把握市场契机。

互联网金融行业发展为缴费行业服务优化提供借鉴

在最新一轮互联网企业引领互联网金融创新浪潮中，由于移动互联网技术的快速发展，大量新市场进入者不断催生新的商业模式。传统金融业渐进式的创新，难以抵御互联网金融新进入者的快速迭代发展。例如，京东推出互联网信贷产品"京东白条"，仅用5个月就完成了从想法提出到正式上线，微信红包从想法提出到成功上线更是只用了两个星期。

互联网金融机构的网络服务能力和创新模式对传统金融机构的线下渠道发展产生了巨大冲击。相比传统金融机构的物理网点模式，互联网金融通过网络渠道吸引客户和销售产品，享有得天独厚的低成本优势。互联网金融机构擅长通过线上营销推广快速获得客户，如微信和支付宝通过红包等营销方式进行推广，加快了客户由线下向线上渠道的转移。互联网金融机构升级网络渠道，提升客户网络渠道的消费体验，在潜移默化中培养客户消费习惯。

便民缴费行业应该紧跟互联网金融发展，以客户为中心向价值链和生态圈延伸，以场景切入的方式来提供包括综合金融服务以及生活服务内容在内的全方位解决方案，并通过配套的积极营销策略，实现自身的更高水平发展。

5.6 大数据推动便民缴费行业提供精细化服务

大数据是伴随着中国互联网产业的快速发展而产生的，特别是在移动互联网和云计算发展的带动下，收集数据和分析大量数据资产更为便利。大数据分析已经成为行业的特色和主营业务，通过大数据精准地分析和预测消费者与客户的行为，可以带来更多价值，从而迫使传统行业纷纷向大数据企业靠拢。

大数据让便民缴费服务更贴近居民需求

大数据通过洞察海量线上与线下的多维数据，包括用户人口属性、移动应用使用行为、线下生活轨迹与消费偏好等多维度数据，综合分析用户特征画像，使精准服务成为可能，让服务的时间和内容选择更科学，根据每个客户的情况匹配更精确、更灵活的解决方案，提升客户体验和满意度。例如，便民缴费平台，可以通过分析用水、用电、用气、缴费习惯等大数据，匹配出最适合当前客户的缴费方式和渠道，并加以推荐。利用大数据分析还可以进行新业务模式创新，如通过大数据构建科学授信体系，在某缴费业务客户突然欠费情况下进行临时授信，不断优化客户体验并拓展便民缴费行业的生态圈。便民缴费行业大数据分析体系和数据整合能力的提升，有助于行业提升服务能力和服务匹配度。

大数据为便民缴费行业新业务拓展挖掘精准营销机会

数据是大数据分析的基础，便民缴费行业已经开始重视各场景数据的布局，其中包括客户基本数据、客户业务使用数据、移动端的应用数据、线下网点的客户缴费数据。通过移动大数据分析深入研究客户偏好和诉求，以便挖掘出更深层次的客户商业价值，向客户提供个性化服务和准确营销。例如，从电话服务渠道来看，客户拨打热线电话号码1秒内就可以完成客户号码识别、分析、转接、产品建议。系统会根据客户的大数据信息，分析出客户来电可能的原因，帮助客服准确判断和快速响应客户需求，同时预测出客户潜在的需求，在解决客户问题的同时，为新业务拓展挖掘精准营销机会。在客户各种交互过程中，详细记录下来客户的行为数据，包括对销售推荐新业务的态度。通过对累计客户行为数据的分析，为下一次服务与销售提供更好的拓展机会。

第6章
中国便民缴费行业新业务发展潜力研究

6.1 便民缴费行业新业务市场发展现状

便民缴费行业要想在中国市场进一步发展,就需要在传统的业务缴费模式下,结合社会发展环境变化社区O2O、互联网政府等发展趋势,以及百姓的衣食住行就医教育等,拓展出新的业务缴费模式,以此来加强对便民缴费市场的控制力。本次新业务的发展潜力研究主要是对加油卡、ETC、物业费和教育考试费四种新业务进行分析。

6.1.1 便民缴费行业新业务种类

便民缴费行业从传统的水、电、燃气、固定电话费、手机费等传统缴费项目开始向加油卡等新业务上拓展,现在又推出了更多新的业务种类,目前常见的新业务种类有ETC、物业费和教育考试费三类。

ETC,即电子不停车收费系统,是目前世界上最先进的路桥收费方式,它被应用于公路、大桥和隧道,并且是在国际上被广泛开发和应用推广的电子自动收费系统。ETC技术在国外已经有很长一段时间的发展,并且在美国、欧洲等许多发达国家和地区广泛使用,该电子收费系统通过实现联网,逐渐形成了规模效益。ETC的工作原理是通过车载电子标签(安装在车辆挡风玻璃上)与在收费站 ETC 车道上的微波天线之间的微波专用短程通信,计算机联网技术与银行进行后台结算处理,从而达到车辆通过路桥收费站而不需要停车就能缴纳路桥费的目的。ETC 的这种不停车收费技术在高速公路或者交通繁忙的桥隧环境下是最适合使用的,这种不停车收费技术具有多种优点。该系统可以使车辆高速通过(时速几十公里以至一百多公里),这在一定程度上提高了公路的通行能力。电子化的公路收费方式可以降低收费管理过程中产生的成本,在一定程度上提高了车辆的营运效益。不停车收费技术也可以在一定程度上降低车辆在收费口时产生的噪声和废气排放。不停车收费技术使道路通行能力得到大大提高,可以缩小收费站的规模,实现节约基建费用和管理费用支出的目的。

物业费,是物业产权人和使用人委托物业管理单位来收取的,主要是对居住小区内的房屋建筑及其设备、公用设施、绿化、卫生、交通、治安和环境等项目进行日常维护、修缮、整治及提供其他与居民生活相关的服务而产生的费用。物业费包括多种类型费用,含物业服务成本和物业服务支出,其组成部分一般包括管理服务人员的工资、社会保险和按规定提取的福利费等;物业共用部位、公用设施设备的日常运行、维护费用;物业管理区域清洁卫生费用;物业管理区域绿化养护费用;物业管理区域秩序维护费用;办公费用;物业管理企业固定资产折旧;公众责任保险费用;经业主同意的其他费用。但物业费的组成部分中,物业共用部位、共用设施设备所产生的大修、中修和更新、改造费用,是不计入物业服务支出或者物业服务成本的,应该通过专项维修资金予以列支。物业费在收取的过程中,需要严格按照物业收费规定来进行合理收费,物业费的数额会根据各地经济发展的不同而有所差异,根据政府价格主管部门的规定实行明码标价。

教育考试费,是人们为了追求更好的生活,提高自身的学历水平而产生的费用。教育现今已被大多数人认为是最重要的事情,良好的教育水平对个人来说，是获取成功与进步最大的支撑。教育考试费用是随着时代的发展不断进行改革的，其包含的内容多种多样，常见的包括升学考试培训（小升初、中考、高考）、语言类考试培训（四级、六级、八级、托福、雅思）、专业技能考试培训（CCNA、PMP、CCIE、RHCE、CFA）等。教育考试费用各不相同，缴费渠道和缴费方式也各不相同，从最开始的线下缴费到现在的线上缴费，从最开始的物理网点、银行代扣、银行自助终端和迷你便民终端到现在通过PC、移动端、电话和短信缴费，这些都是随着时代的进步与发展所产生的改变。

6.1.2 加油卡市场规模庞大，ETC普及受阻

对新业务的市场规模进行分析，如图6-1所示，加油卡占据的市场规模最大，达到了6000亿元以上，相比之前市场规模有所增加。市场规模最小的是ETC，仅有100亿元左右，教育考试费和物业费的市场规模相差较小，教育考试费略高于物业费，达到了3600亿元的市场规模。对新业务的人群规模进行分析，如图6-2所示，物业费的人群规模是最大的，达到了3.08亿人；其次是教育考试费的人群规模，达到了2.29亿人；再次是加油卡人群规模，达到0.98亿人；而人群规模最低的是ETC，仅有0.20亿人。

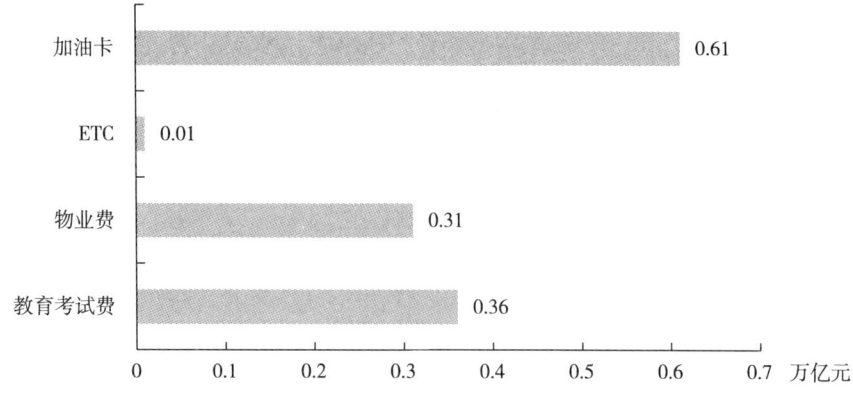

资料来源：2016年《中国便民缴费产业白皮书》调研。

图6-1 新业务市场规模

第6章 中国便民缴费行业新业务发展潜力研究

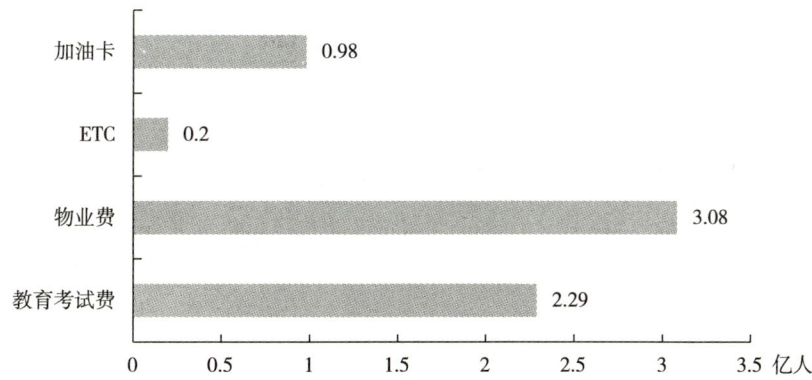

资料来源：2016年《中国便民缴费产业白皮书》调研。

图6-2 新业务人群规模

在对中国各区域内新业务市场规模进行分析时，华东地区是各个区域中新业务市场规模最大的，而西北地区的新业务市场规模最小。这也从一个方面反映出缴费市场规模同区域人口基数及经济发展水平都有着密切的关系。各区域在新业务中的具体市场规模分布，如表6-1所示，华东地区的加油卡、ETC、物业费、教育考试费的市场规模均位列第一。

表6-1　　　　　　　各区域新业务市场规模

区域	加油卡（万亿元）	ETC（万亿元）	物业费（万亿元）	教育考试费（万亿元）
华北	0.063	0.001	0.04	0.049
东北	0.054	0.001	0.028	0.03
华东	0.193	0.004	0.09	0.108
华南	0.056	0.001	0.035	0.042
西北	0.039	0.001	0.02	0.027
中部	0.116	0.002	0.054	0.055
西南	0.091	0.002	0.044	0.049

资料来源：2016年《中国便民缴费产业白皮书》调研。

加油卡的市场规模最大，而ETC的市场规模最小，造成这一现象的原因是由于客群基数的限制。公安部交管局的数据统计显示，截至2015年底，中国机动车的保有量达到了 2.79 亿辆,其中汽车占有 1.72 亿辆。机动车驾驶人达到了 3.27 亿人,其中汽车驾驶超过了 2.8 亿人。私家车的数量早已超过了 1.24 亿辆,平均每一百户的家庭就拥有 31 辆私家车,但是,中国只有 2000 万左右的车辆办理了 ETC,可见 ETC 的使用普及率仍然非常低,远未达到预期的效果,而要想提升 ETC 的普及率,就需要引导消费者改变其消费习惯,提升消费者对于 ETC 的有效认知。便民缴费行业需要在 ETC 方面加强宣传,促进消费者对其的认知,增加办理 ETC 业务的车辆。

6.1.3 教育费、ETC 线上化高,网银是驱动

在对新业务进行缴费渠道选择时,不同的业务对应的缴费方式有所不同,但总体来说,线下比例要高于线上的缴费比例。如表 6-2 和图 6-3 所示,教育考试费作为线上缴费比例最高的一项业务,其占有的比例达到了 42.8%,ETC 作为线上缴费比例第二大的一项业务,其线上缴费占比达到了 36.4%。

表 6-2　　　　　　　　　　新业务缴费渠道

缴费类型	缴费方式	加油卡(%)	ETC(%)	物业费(%)	教育考试费(%)
线上缴费	PC	12.1	14.0	4.4	25.0
	移动端	18.2	20.6	6.2	16.2
	电话	0.6	1.0	0.5	0.7
	短信	0.7	0.8	0.5	0.9
	合计	31.6	36.4	11.6	42.8
线下缴费	物理网点	46.1	29.2	79.5	32.8
	银行代扣	5.3	10.3	2.6	8.9
	银行自助终端	13.2	21.4	5.2	13.8
	迷你便民终端	3.7	2.7	1.2	1.7
	合计	68.3	63.6	88.5	57.2

资料来源:2016 年《中国便民缴费产业白皮书》调研。

第6章 中国便民缴费行业新业务发展潜力研究

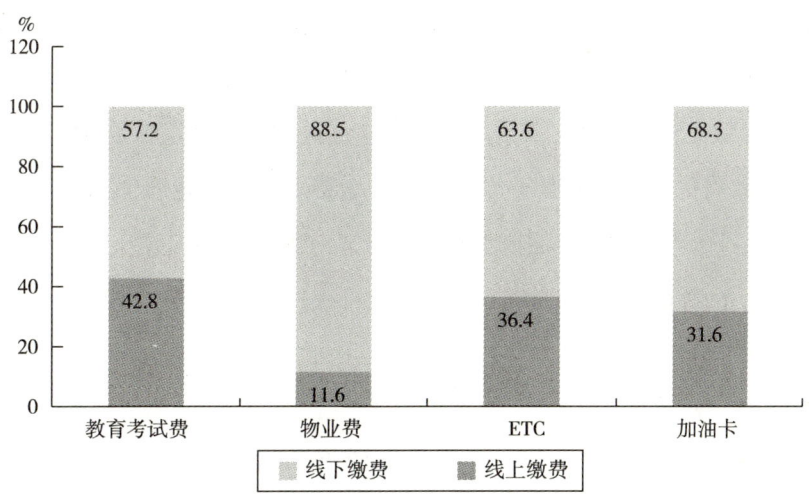

资料来源：2016年《中国便民缴费产业白皮书》调研。

图6-3 新业务缴费方式

造成教育考试费线上缴费比例较高的原因是由于教育考试费用固定，线上报考方式已经普及，连同线上报考一起通过网上银行及手机银行进行相应的缴费操作较方便快捷。传统线下报考和线下教育考试费用缴纳，主要是需要进行现场考试资格查验或者是本人相片采集的考试，其他类型的考试逐渐采用线上缴费方式。ETC线上化程度也较高，主要是因为网上银行和手机银行的全面普及。ETC直接绑定银行卡或信用卡，通过银行卡直接扣款或者信用卡刷卡后定期进行还款。各大银行争相扩展业务、发展线上缴费客户，伴随着ETC缴费功能记账卡、信用卡的不断推出和普及，银行已经成为ETC缴费市场一个重要渠道。教育考试费和ETC线上化缴费比例较大，线上化程度较高，促进了网上银行的发展，网上银行被消费者广泛使用，一定程度上也促进相关业务线上缴费的进一步提高。

6.1.4 物业费渠道单一，懒人经济激发潜力

物业费的市场总规模已经达到了3100亿元，体量庞大，但是物业费的缴费渠道和方式较为单一，主要集中在物业公司以及部分银行代扣。从图6-4

可以看出,物业费在线下的缴费方式中,物理网点和银行代扣占据较大比例,占比高达82.1%,而线上缴费仅仅占比11.6%。物业费在缴费渠道中,线下化程度高,线上化水平低,其线下化缴费中通过物业公司完成缴费的消费者达到78.1%,消费者还是习惯于传统的线下缴费。造成物业费缴费渠道单一的主要原因在于,物业费市场相对比较分散,除了极少数的几家大型物业公司之外,大多数的物业公司占据的市场份额很少,现在还不具备完整的系统建设能力,或者说现在开发推广线上系统并不是一个明智的选择。

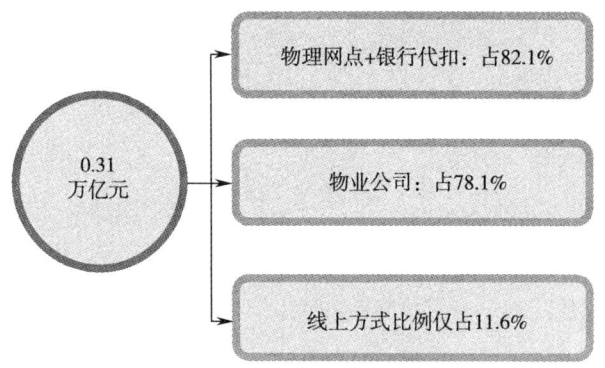

资料来源:2016年《中国便民缴费产业白皮书》调研。

图6-4 中国物业费市场总体规模

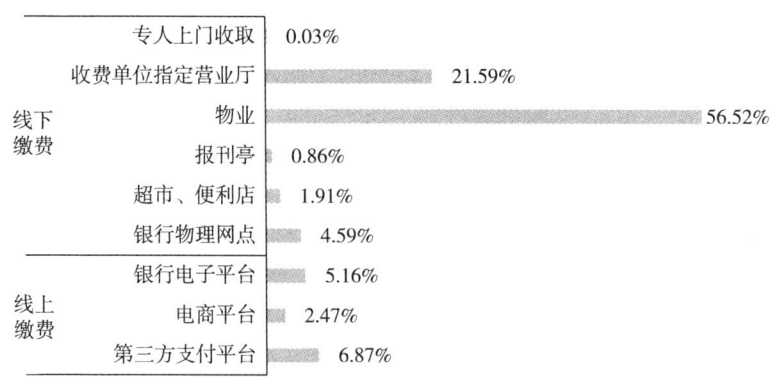

资料来源:2016年《中国便民缴费产业白皮书》调研。

图6-5 物业费缴费渠道

但是，随着互联网的不断发展，以及移动互联网时代的到来，人们更多地依赖手机应用程序来获取各类服务和完成业务缴费，这推动服务业向着更快捷、更方便的方向发展，一个庞大的"懒人经济"市场正在逐渐成形。"懒人经济"的崛起带动着大量新兴产业的发展，大量社区O2O的企业应运而生，这从本质上进一步激发了消费者一切从简的消费习惯和诉求，促进了"懒人经济"的长足发展。消费者越来越不满于缴费流程复杂和缴费方式单一的现状，尤其是在物业费的缴费过程中不满情绪尤为明显，建设更方便、快捷的线上缴费渠道是物业公司发展的必然趋势。物业费是基于社区的一项传统的缴费业务，为消费者提供操作方便、缴费时间自由、缴费地理无限制的新型缴费方式符合时代发展的潮流，以更好地满足消费者"懒人经济"特征的缴费需求。

总体来看，便民缴费行业新业务发展市场潜力相对较大。对加油卡、ETC、物业费和教育考试费四大业务市场规模对比分析发现，ETC业务受到普及率的制约，在四大业务的市场规模中占比最低，加油卡在四大业务的市场规模中占比最高。教育费和ETC两项业务在未来线上化发展的可能性相对较高。物业费线上化发展受限，主要是由于国内物业公司普遍小而分散，因此提供的物业费缴纳渠道和方式都较为单一，导致物业费线上化面临困难，但是缴费渠道线上化发展已然成为未来发展的必然趋势。

6.2 新业务市场发展潜力

便民缴费行业新业务整体发展情况良好，加油卡受到汽车市场发展的促进作用明显，教育考试费以及ETC伴随着互联网的发展，线上化水平不断提升，物业费传统线下缴费也正在逐渐被消费者喜爱的线上化缴费替代。在国家政策支持和市场供需的支撑下，上述新业务市场的发展潜力和空间仍然较大。但是行业的发展需要首先冲破现实中的种种阻力，缴费渠道、业务覆盖面和市场覆盖率等都是新业务未来市场发展中需要克服的阻力。

6.2.1 渠道限制、业务覆盖面窄成最大不便

渠道是企业把产品和服务向客户传导的通道，是企业和客户之间的触点，对企业的重要性不言而喻。企业在渠道建设上不惜投入大量资源，以便更快捷更直接地服务客户，因此渠道的便捷性是客户选择企业的最重要因素之一。然而，便民缴费行业部分业务有一定的垄断性，以往的渠道建设不是以消费者为核心的，仅是单维的渠道服务模式。物业费在众多的便民缴费业务中，缴费渠道分布较为集中，主要的缴费渠道就是物业公司，因此物业费只能通过物业单位进行缴费成为目前人们遭遇到的最大不便。如图 6-6 所示，物业费缴纳不便原因选择"目前只能去物业公司缴纳"占比 47.87%，选择"网上覆盖的物业公司不全所带来的无法缴纳"占比 21.61%，"在网上缴纳物业费不知如何获取凭证/发票"和"手机上无法快速查询自家物业费情况"所占的比例分别为 17.16% 和 13.29%。因此，消费者在物业费缴费过程中所遇到的不便对物业费缴费的满意度影响较大。

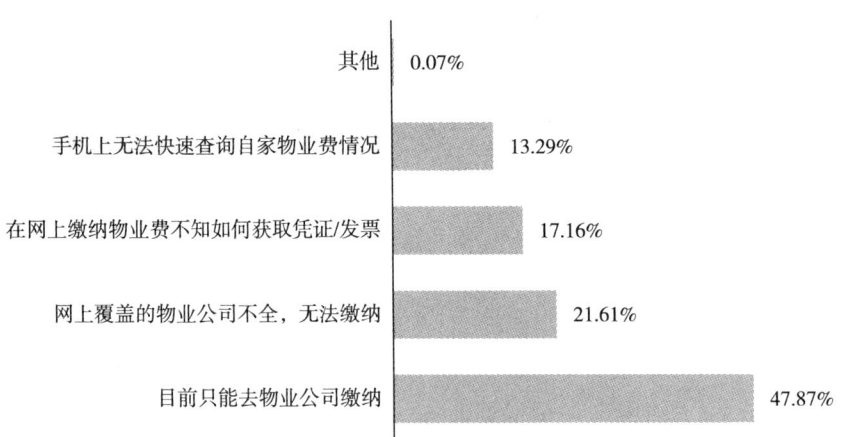

资料来源：2016 年《中国便民缴费产业白皮书》调研。

图 6-6 物业费缴费不便原因

对教育考试费缴费渠道不便的原因进行详细分析，如图 6-7 所示，可以

看到,"收费单位指定使用特定的银行卡才能缴费"占有的比例最大,其占比为36.80%,其次为"网上可供缴费的教育考试费种类太少"和"网上缴纳教育考试费不知如何获取凭证/发票",其占比分别为22.47%和20.61%,而"不能直接在电脑/手机端进行缴费"的占比为19.88%。教育考试费现在实行的多为收费单位与特定银行合作,大多数业务没有实现跨行(或跨行不免费),不支持第三方渠道,加之线上缴费渠道覆盖的收费单位不全造成了消费者缴费过程中的诸多不便。因此,缴费渠道限制和业务覆盖面窄成为消费者进行便民缴费不便的最大原因。

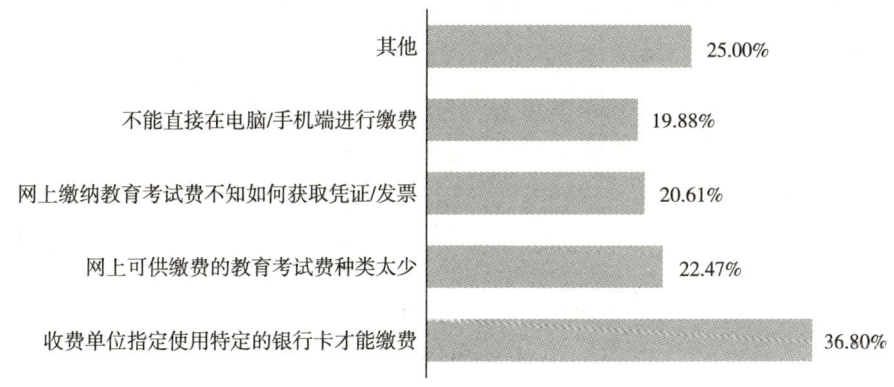

资料来源:2016年《中国便民缴费产业白皮书》调研。

图6-7 教育考试费缴费不便原因

不仅在物业费和教育考试费的缴费过程中,在ETC的缴费过程中,无论是线上还是线下都存在着诸多不便之处,对消费者进行便民缴费造成了不小的影响。从ETC线上缴费的缴费方式来看,在ETC并没有丰富的线上缴费方式,其缴费方式主要集中在智能读卡器和专业APP方面,但是,这两种缴费方式的使用方法并不快捷、方便。如图6-8所示,在ETC缴费渠道不便的原因中,ETC"充值网点距离远,不方便"所占比例最大,其占比为40.03%,其次为"只有特定的银行网点才可以充值",其占比为33.25%,而其他原因所占比例均不足30%。结合对消费者ETC缴费渠道不便原因的分析,进一步对消费者使用过的ETC充值方式进行详细分析,最终得到结果如图6-9所示,"ETC充值网点/高速路口充值"所占比例最大,其所占比例为37.68%;其次为"ETC网上营业厅充值",其所占比例为37.55%;再次是"银行转账汇款充值(现金汇款、网上转账、支票汇款)"和"中石油、中石化指定加油站充值",其所占比例都为33.77%;而其他消费者使用过的充值方式均不足30%。

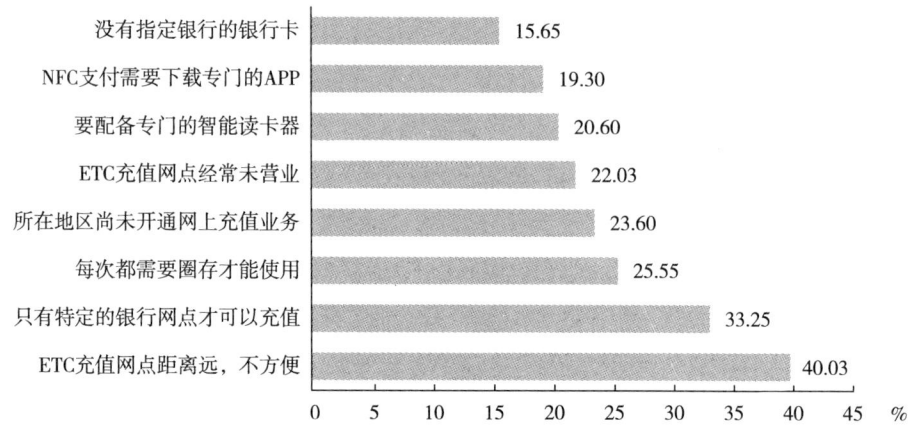

资料来源:2016年《中国便民缴费产业白皮书》调研。

图6-8 ETC缴费渠道不便原因

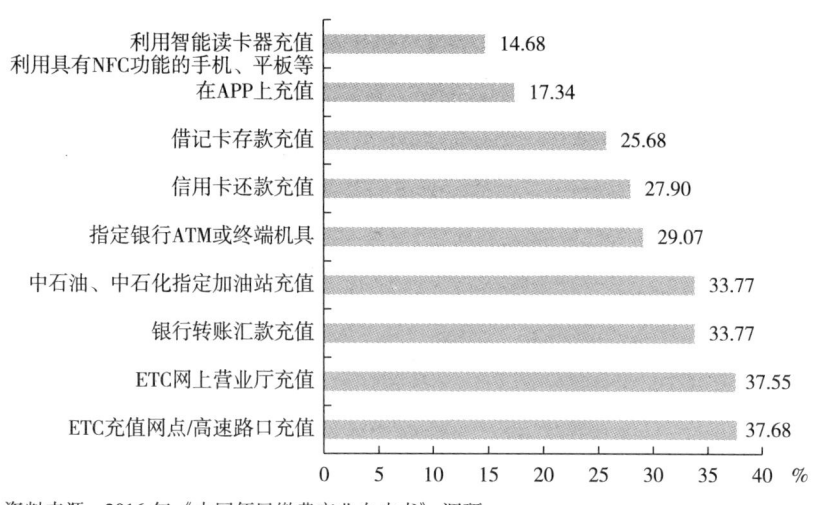

资料来源:2016年《中国便民缴费产业白皮书》调研。

图6-9 消费者使用过的ETC充值方式

6.2.2 网点亟须推陈出新，上线期望待满足

针对于 ETC、物业费和教育考试费三种新业务，在进行研究分析时，我们结合消费者当前使用的缴费方式与期望的缴费方式进行交叉分析，并将其划分到"使用且期望"、"期望不使用"、"使用不期望"和"不使用也不期望"四个象限中，这四个象限分别对应着"爱我所用，用我所爱"、"触不可及"、"别无选择，迫不得已"和"表示无感"四类。如图6-10所示，"爱我所用，用我所爱"代表的是这类缴费方式可以继续用心维持和发展；"触不可及"代表的是消费者期望偏高，目前还无法使用；"别无选择，迫不得已"代表的是现在可供选择的缴费方式偏少；"表示无感"代表的是消费者没有使用过也不期望，而不期望的原因很有可能是由于主观的意愿，也有可能是由于客观的供给不足。

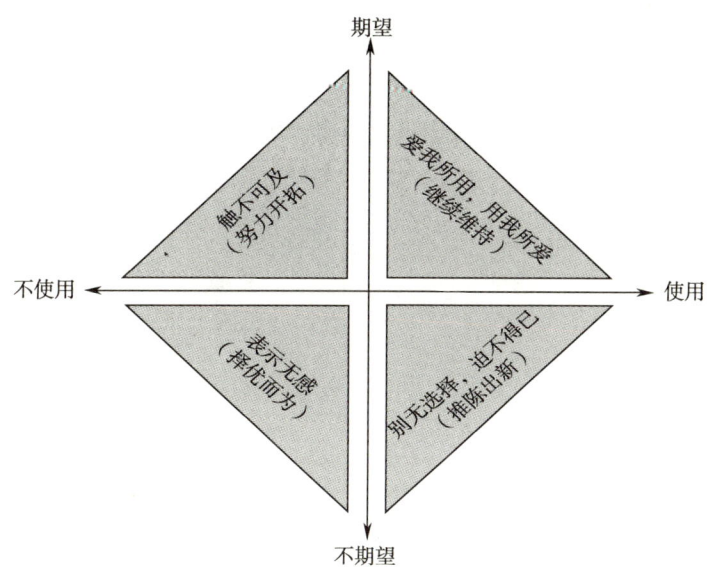

图 6-10　缴费方式的使用期望交叉

根据之前提到的缴费方式分类方法将三项新型缴费业务——ETC业务、物业费业务和教育考试费业务进行分类分析。如图6-11、图6-12、图6-13所示,在分类中占比最高的都是电话短信,而且都选择在"不使用也不期望"一类中。从缴费方式为"电话短信"的分类结果最高的为"不使用也不期望"可以看出,伴随着互联网(尤其是移动互联网)的发展,传统的电话缴费和短信缴费方式,还没有全面普及就已经面临着被淘汰的局面。"期望不使用"的分类结果中,三项新型的缴费业务又出现了共同的趋势,其表现在网上支付和手机支付的比例分别占据着前两位,这充分说明了线上渠道的供给要滞后于消费者的需求,同时也说明了新的互联网支付方式还需要不断开拓和发展。

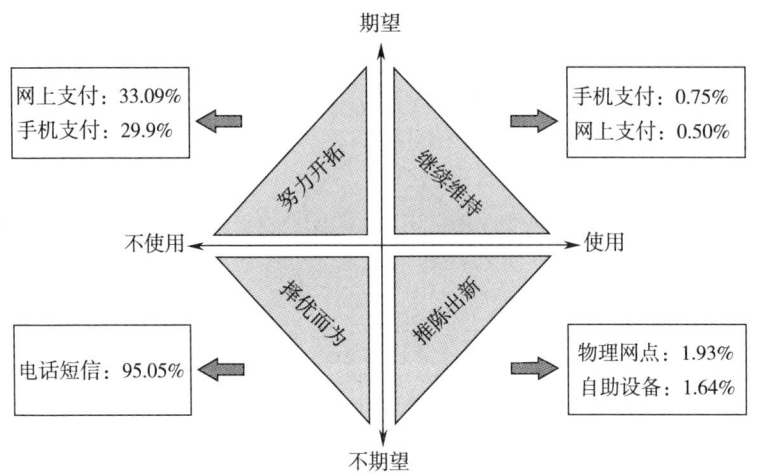

资料来源:2016年《中国便民缴费产业白皮书》调研。

图6-11 ETC业务缴费方式

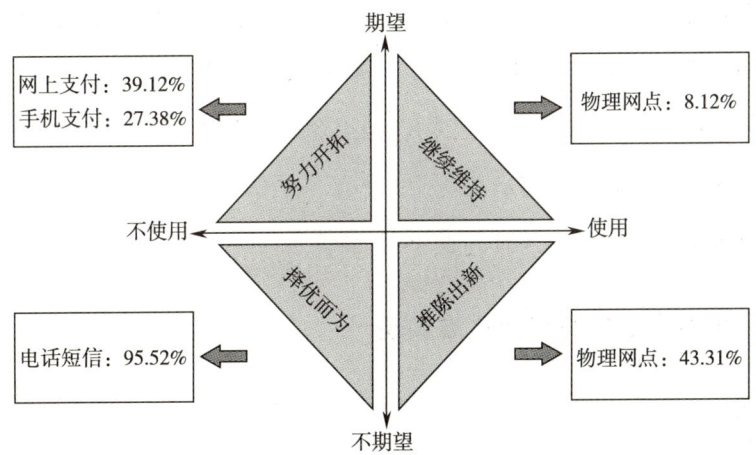

资料来源：2016年《中国便民缴费产业白皮书》调研。

图 6－12　物业费业务缴费方式

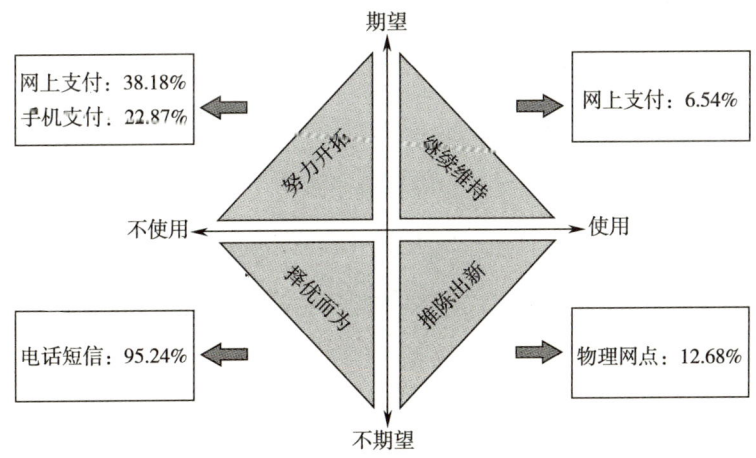

资料来源：2016年《中国便民缴费产业白皮书》调研。

图 6－13　教育考试费业务缴费方式

在"使用且期望"的缴费方式上，三项业务各有差异，ETC业务中该选项比例最高的为手机支付，与之类似，网上支付方式是教育考试费业务中"使用且期望"比例最高的。然而，物业费与其他业务存在明显差异，物理网点成为最满足"使用且期望"的缴费方式,这可能仍可归因于物理网点在物业费缴纳中的主导地位,实际使用的人群基数庞大从而决定了比例较高。在"使用不期望"这一类别下,尽管物理网点在三项业务上的比例都最高,但在物业费上的比例尤其高,这从另一侧面印证了消费者在缴纳物业费时,通过物理网点更多是一种"别无选择,迫不得已"。

6.2.3 小微企业自身线上化难实现

小微企业是小型企业、微型企业、家庭作坊式企业、个体工商户的统称。不同行业对小微企业的划分标准也有所不同。国家对于小微企业有税收优惠等一系列扶持政策,有利于小微企业的发展。便民缴费行业作为与人们生活息息相关的行业,也与很多小微企业业务有关联。但小微企业因为自身实力和技术能力,在实现线上化中存在诸多困难。

小微企业融资难,资金需求强

中国小微企业目前面临的主要难题在于企业融资困难。中国的小微企业成熟度不足、企业数量庞大,并且实力普遍比较薄弱。中国目前已经拥有了超过6000万户的小微企业,并且还以每天1.16万户的速度增加。受到企业自身规模制约,中国的各大金融机构对小微企业的关注度往往都较低。金融机构对市场收益以及客户议价能力的评定,成为小微企业贷款的一大难题。由于金融机构贷款难,小微企业不得不选择民间借贷,民间借贷相对于银行贷款利率更高,使小微企业资金成本变得更加昂贵,导致小微企业利润严重缩水。从资金的渠道上来讲,小微企业大量采用民间借贷作为企业资金来源,安全上不受国家法律保护,与此同时,企业还需承担质押和担保。因此,小微企业的借贷压力大,资金链断裂的风险高。小微企业是提供新增就业岗位的主要渠道,是企业家创业成长的主要平台,同时也是科技创新的重要力量。通过多样化的短期贷款服务,可以实现小微企业抗风险能力的增强,但更需要小微企业及时把握市场机遇，时刻抓住发展机会。

缴费平台自建门槛高，限制小微企业实现线上化

虽然国家政策对小微企业资金方面开始有所倾斜，尤其在贷款等短期融资问题上政府给予了一定扶持，但是相对于大型企业的成熟完善来说，小微企业还是存在诸多不足。大多数小微企业管理粗放、混乱，在管理体系、人才配置、企业应用信息化方面与大企业差距明显，造成了小微企业在激烈的市场竞争中处于下风，甚至在与大型企业和中型企业的竞争中很容易面临倒闭破产的危险。缴费平台搭建从市场规划到后期运营整体资金需求量比较大，由于筹资能力较弱，加之在行业线上化平台搭建的过程中，缺乏优质人才进行平台搭建，限制了小微企业的发展。

从平台搭建本身来看，小微企业进入便民缴费行业，首先在业务上需进行资源整合，对生活相关的缴费业务进行资源归拢，才能根据客户需求完善服务体系并为企业储备优质客户资源。对于小微企业来讲，线上化发展缴费业务，需要整合线下缴费终端以及各大收费机构资源，将收费需求与自主缴费终端相结合，完善供需关系才能确保平台客户资源的稳定性。另外，企业投入建设以后，缴费行业运营周期相对较长，对小微企业的短期资金投入需求较大，小微企业往往无力支撑庞大的资金流。小微企业在行业内搭建便民缴费平台显得艰难，从构建基础资源到客户资源以及后期线上化规模发展都有诸多现实困难。

缴费平台撑起小微企业业务平台

从便民缴费行业来看，部分小微企业目前迫切希望将自身的企业收费项目充分地实现线上化，这样对企业业务扩展和利润收益都有很大的帮助。但是由于自身资金、成本等问题的困扰，无法自主实现线上化平台搭建。近两年缴费平台的出现，为该类小微企业提供了发展契机。以光大银行主推的云缴费平台为例来看，线上化缴费平台对小微企业的线上化帮助明显，小微企业与云缴费平台合作，首先不需要自身搭建收费系统和综合平台，也无须开发缴费渠道，仅仅需要使用云缴费平台中的插件工具对相关业务进行表格化处理，然后上传至光大银行云缴费平台即可，光大银行云缴费就可以为其提供丰富的缴费渠道和整套的缴费服务。这样一体化的缴费平台为国内小微企业线上化发展提供了极大的便利，更对其企业自身业务拓展和利润最大化具有促进作用。

便民缴费行业应该转变单向渠道服务模式，构建以平台为媒介，包含缴费客户、缴费渠道、收费单位在内的综合生态系统。打造便民缴费行业和多种类型客户之间的多种服务关系，其中包括金融和非金融两大类。通过便民缴费平台，促进资源共享，推动产品和服务供需，从而使服务方和客户建立更紧密的联系，构建起拥有多渠道接触点的生态系统。将便民缴费平台打造成资源融通的综合平台，以场景为核心部署渠道触点，将便民缴费行业的服务融入客户的生产生活当中，促进便民缴费行业生态系统良性发展。

第7章
尾声

　　随着中国经济和社会的发展，便民缴费行业与人们的生活契合度正在不断加深，各类缴费需求也随着现代消费者的消费需求一同增长。时代风云涤荡、时势造英雄，本书力争站在时代变幻的大气候中洞见中国便民缴费行业发展的基本态势和未来方向。首先，本书深入梳理了中国便民缴费行业的宏观时代背景和行业发展现状，理清了各项业务缴费渠道和缴费方式情况。其次，本书站在消费者的角度理清了不同代际客户的差异，并通过测评消费者满意度、行为与习惯、选择与偏好，力求深入洞察消费者期望和内在动机。最后，本书着眼于未来，探索影响便民缴费行业未来的技术变革与发展方向，探索便民缴费新业务的发展潜力。

　　从宏观经济和行业运行情况来看，中国便民缴费行业发展前景仍十分广阔。宏观层面来看，世界经济处于缓慢疲弱复苏态势，但中国经济仍然保持稳步前行，第三产业成为国内经济发展的首要动力，居民服务行业、金融行业、互联网行业呈现加快发展良好势头。特别是"互联网+万众创新"战略加快了生活服务互联网化，供给侧结构性改革加快了生活服务供给优化，引导了国内消费升级，为快速带动便民缴费行业发展提供了有利条件。中高收入阶层人数不断增加，新兴服务消费需求日趋增长，为便民缴费行业发展提供了巨大动力和机会。网络信息安全技术不断成熟及相关法规建设为线上缴费提供了安全保障，互联网金融快速发展和普惠金融战略为线上缴费发展提供了支持，对便民缴费行业的发展与变革产生了重大影响；从行业层面来看，便民缴费行业国内市场体量庞大、发展势头强劲，市场规模和人群规模稳步增长。尽管各项业务线上化程度不同，但整个行业线上化、移动化、自助化的趋势明显。随着互联网技术的发展和商业服务环境的日趋成熟，中国便民缴费行业的缴费方式和缴费渠道呈现丰富化和多样化的态势，多渠道联动服务实现了客户体验的无缝化对接。

从消费者情况来看，消费者对于便民缴费行业的整体满意度较好，不满意原因主要在于行业内的服务与缴费流程烦琐。通过对消费者的缴费行为和习惯分析发现，消费者习惯在朝十晚四的时间完成缴费，男性的缴费渠道相对比较单一，但女性的渠道选择就比较多样化。由于便民缴费行业线下缴费的局限，线上支付得以快速发展，并且收入越高的人在缴费渠道选择上线下化使用率相对越低。按消费者最喜欢的支付方式，以及人口特征和收入水平进行聚类分析，可以把便民缴费消费者分为五大族群：安逸夕阳族、辣奢多金族、奔奔白领族、新鲜乐活族和夹心主妇族。了解他们在缴费行为上的差异和缴费习惯的特征，为便民缴费更好地服务大众打下了坚实的基础。

从未来发展的角度来看，随着互联网的深入普及、移动互联网浪潮的来袭、社区O2O的覆盖、共享经济的发展、"互联网+"概念的深化，新技术和新模式越来越强烈地影响着人们的生活，也深刻影响着中国便民缴费行业的发展。在互联网和移动互联网信息开放与资源整合的爆炸式发展中，便民缴费行业将会得到更大的发展机会。近年来便民缴费行业不断拓展出各类新业务，如加油卡、ETC、物业费和教育考试费等，未来必将探索和涉入更多潜力新业务。随着缴费行业参与主体之间共享机制的不断建全，缴费各个环节和触点将会逐步打通，消费者所期盼的体验更佳、价格更低、业务覆盖面更广、平台稳定性更强的缴费服务正在阔步向我们走来。

既往的努力成果已现,未来的荆棘也不会少,我们深知,再多的研究也难以全面地刻画一个行业的现状,再多的调查也无法完整地传达消费者的诉求和期望,我们谨期待,本书能够大体描摹出中国便民缴费行业的概貌,在某种程度上搭建起消费者和缴费服务机构的桥梁,为今后的改善和发展提供些许建议。